莫萨营销沟通情景对话系列

# 物业服务人员超级口才训练
# （实战升级版）

洪冬星　著

人民邮电出版社
北　京

图书在版编目（CIP）数据

物业服务人员超级口才训练 : 实战升级版 / 洪冬星著. -- 2版. -- 北京 : 人民邮电出版社, 2019.1
（莫萨营销沟通情景对话系列）
ISBN 978-7-115-49933-2

Ⅰ. ①物… Ⅱ. ①洪… Ⅲ. ①物业管理－商业服务－口才学 Ⅳ. ①F293.33②H019

中国版本图书馆CIP数据核字(2018)第245189号

## 内容提要

随着近年来房地产行业的发展，物业管理这一关联产业也越来越受到人们的关注。人们的生活水平、居住与工作环境在逐步优化，人们对物业管理服务也随之提出了更高的要求。而日常的物业服务工作常要面临业主提出的各种问题，为了处理好物业与业主、业主与业主之间的纠纷，就需要物业服务人员掌握实用的口才技巧，具备一定的沟通能力。

本书通过“四位一体”的框架结构将物业管理、物业服务 10 大领域中的 76 个工作情景一一进行展现和深度剖析，既提供了物业服务人员需要掌握的口才技巧和解决问题的方案，也指出了物业服务过程中可能走入的误区。本书将情景展现与沟通、口才技巧说明相结合，是物业服务人员进行口才训练、提升沟通能力的实务工具书。

本书适合所有物业服务人员使用，也可作为物业公司等物业服务机构的口才训练教材。

◆ 著　　洪冬星
责任编辑　庞卫军
责任印制　焦志炜

◆ 人民邮电出版社出版发行　北京市丰台区成寿寺路 11 号
邮编　100164　电子邮件　315@ptpress.com.cn
网址　http://www.ptpress.com.cn
北京天宇星印刷厂印刷

◆ 开本：700×1000　1/16
印张：12.5　　2019 年 1 月第 2 版
字数：190 千字　　2025 年 4 月北京第 29 次印刷

定价：49.00 元

读者服务热线：(010) 81055656　印装质量热线：(010) 81055316
反盗版热线：(010) 81055315

# 前　言

近年来，房地产行业发展迅速，这既为物业管理服务开拓了广阔的市场空间，也对物业服务人员的整体能力和专业素养提出了更高的要求。只有通过提供更加专业、优质、人性化的服务，才能为业主们创造出一个整洁、安全、舒适、文明、美好的生活和工作空间。

优质服务的前提是物业服务人员能够与业主愉快、高效地进行沟通。这就需要物业服务人员具备在物业管理不同阶段，面对不同个性特点的业主以及各式各样的问题、异议时，能够运用口才技巧，实现无障碍沟通的能力。

那么，针对物业管理的不同阶段，不同类型业主的个性特点，业主提出的不同问题、异议和投诉，以及业主间存在的各类纠纷，物业服务人员应该采用哪些沟通技巧和口才模板予以应对呢？

本书通过“四位一体”的框架结构对物业管理与物业服务 10 大领域中的 76 个工作情景一一进行展现和深度剖析，既为物业服务人员提供了应对问题的口才技巧和解决方案，也指出了物业管理、服务过程中可能会走入的误区。

**四位一体：** 是指**情景再现**板块重现了管理、服务过程中的沟通情景，**情景分析**板块对沟通情景进行深度剖析，**技巧运用**板块提供了与业主进行良好沟通的口才技巧，**错误提醒**板块则指出了沟通过程中物业服务人员可能会犯的错误、会走入的误区。

**10 大领域：** 是指验收入住、日常沟通、解答异议、解决问题、便民服务、维护秩序、调解纠纷、受理投诉、收取费用、因人而异做沟通这 10 大领域。

**76 个情景**：本书详细列出了 76 个物业管理与服务环节可能出现的各种问题，**每一个情景都是一个问题点**。

本书所呈现的 76 个沟通情景为物业服务人员演绎了物业管理与服务的整个过程，再现了优秀物业服务人员与不同类型业主在不同服务领域、不同情景下的沟通话术和口才技巧，可作为物业服务人员全面学习沟通技巧、进行口才训练的参考教材。

值得注意的是，我们所呈现出的不同情景、具体问题以及所提供的口才技巧等有些可以**直接运用于具体的物业服务沟通过程中**，有些则需要**结合当时当地的实际情况变通使用**，切不可生搬硬套。

本书适合所有物业服务人员使用，也可作为物业公司等物业服务机构的口才与沟通训练教材。

# 目录
# Contents

# Chapter 1

# 第 1 章 验收入住要悉心

- 详细说明验房流程
- 着重提醒注意事项
- 理清权责避免纠纷
- 主动告知特殊情况
- 区别处理验房异议
- 谨慎对待二次验房
- 巧妙应对过分要求
- 文明劝阻违章装修
- 耐心说服清理垃圾

**物业服务人员工作日志**

★当我向业主详细说明验房流程时，业主向我投来了赞许和信任的目光……

★今天忘记提醒业主验房时该注意的事项，业主对我表现出了极大的不满……

★当业主在验房过程中对房屋面积提出异议时，我竟然不知该如何回答他……

★业主又向我提出了对房子的过分要求，我义正言辞地回绝了他，但心里还是有些不安……

# 第 1 节　验收

## 情景 01　说明流程，提醒细节

### 情景再现

这两天，张明工作的物业公司所服务的新小区陆续迎来验房的业主们。业主们或是新添物业，或是乔迁新居，验房之前的心情自然都是既兴奋又愉悦的。

张明今天便接待了一对年过花甲的夫妻。看他们刚坐定，张明便主动上前去说：“首先恭喜叔叔阿姨来收新房子啦！”把一切材料准备就绪后，张明接着说：“这是房屋质量保证书和房屋使用说明书，您二老先好好看看，上了年纪住房子最看重的就是房子质量了。至于使用说明书这块儿，二老有什么不明白的尽管问我，我会耐心解答直到您弄明白为止。”

在这对老夫妻看完验房“两书”后，张明继续说：“没什么异议的话，咱们现在就可以去看看房子了。去之前我把需要您二老注意的地方说一下：验房的时候最关键的环节便是要仔细核对房子的实际使用面积，如果和开发商当初承诺的不一样可以告诉我，我一定会及时反馈回去。另外像窗户、管道和插座等一些小细节也得关注，这个应该是阿姨的‘强项’吧！最后我得提醒二老，我们刚做了楼层清洁，地面有点儿滑，走路千万要当心！”这对老夫妻连连夸赞张明办事牢靠，最终高高兴兴地把房子验收了。

### 情景分析

张明在与业主的沟通过程中所使用的技巧是恰当、准确的。他不仅向业主详细阐述了验房的流程和注意事项，而且也展现出了对特殊业主群体的周到服务和热情关怀。

张明在和老年业主进行“验房”沟通时做到了以下三点。

★ 和老年业主沟通时做到了说话内容通俗易懂，不故弄玄虚。

★ 和老年业主沟通时抓住了重点，并且体现出了亲切和幽默。

★ 和老年业主沟通时注重细节问题，传递关怀和温暖。

## 技巧运用

向业主详细说明验房流程时，情绪要饱满、热情，语言要有清晰的逻辑、完整的顺序，尽量说明白各种可能的细节。读者可以参照以下步骤与业主进行沟通。

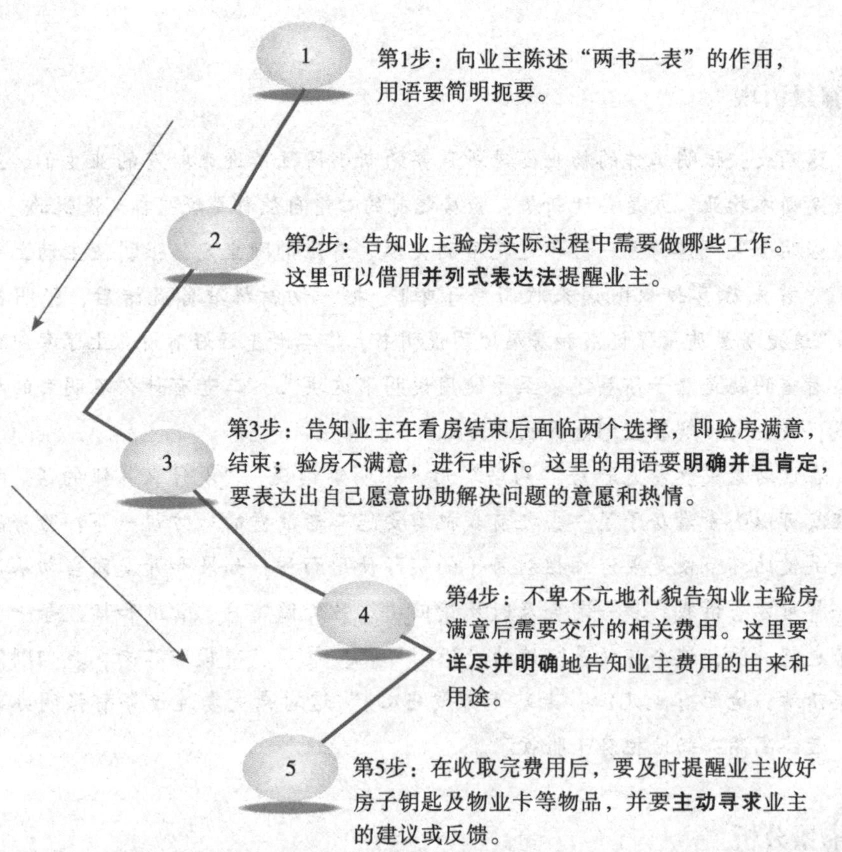

1
第1步：向业主陈述“两书一表”的作用，用语要简明扼要。
2
第2步：告知业主验房实际过程中需要做哪些工作。这里可以借用并列式表达法提醒业主。
3
第3步：告知业主在看房结束后面临两个选择，即验房满意，结束；验房不满意，进行申诉。这里的用语要明确并且肯定，要表达出自己愿意协助解决问题的意愿和热情。
4
第4步：不卑不亢地礼貌告知业主验房满意后需要交付的相关费用。这里要详尽并明确地告知业主费用的由来和用途。
5
第5步：在收取完费用后，要及时提醒业主收好房子钥匙及物业卡等物品，并要主动寻求业主的建议或反馈。

验收入住对于物业工作来说十分重要，因为它是物业服务人员与业主的第一次接触，这其中物业服务人员是否能运用超级口才技巧进行完美沟通决定了他们在业主心目中的第一印象，也决定了后续工作能否顺利开展。

在上述说明验房流程的步骤中，物业服务人员需要抓住的要点是：**有条理、**

**重细节、主动阐述。**

错误提醒

### 误区一　草草交代验房流程

"这是需要了解的表格，看完就可以去看房子了。"

"验房就是看看房子满不满意——这不需要我再多说了吧？"

如果物业服务人员这样和业主沟通的话，不仅会让业主不明就里，埋下激化矛盾的隐患，更容易让业主对物业服务人员留下不专业和没素质的第一印象，这都不利于后续工作的顺利开展。

### 误区二　强收费用

"这些费用是必须交的！没有商量余地。"

"这钱又不是给我，你还有什么可怀疑的？"

收取费用是最敏感的环节，也是考验物业服务人员的心理素质和口才能力的地方。虽然费用的征收是正当且合理的，但是也要在沟通过程中让业主心甘情愿。

## 情景 02　重点提醒，说明关键

情景再现

红鑫家园 2 号楼的业主们纷纷在指定的日期内来验房了。李清刚接待完一批业主，正准备稍作休息时，两位业主推门走了进来。

其中的一位业主对李清说："你刚才告诉我们在验房时注意这个、注意那个，乱七八糟说了一堆，可为什么最重要的一项没有告诉我们呢？"李清不明就里，拿过这位业主的验房单一看，才发现单子上"核算房屋面积"一栏是空白的。

李清也蒙了，他支支吾吾地说："我……没有提到这一点吗？"这时同来的另一位业主说："当时我们是一起听你说验房流程的，这一点你刚才确实没有提到。结果验房员却告知我们，这一点是最重要的。所以我们又跑过来一趟，想再和你核实一下这个问题。”

李清听完立即意识到了自己的不当和失职，马上向两位业主道歉说：“真对不起，因为今天接待的业主太多，竟然忘了向你们告知最重要的注意事项。这是我的失职。现在我和你们一起去和验房员说明一下这个问题吧。”两位业主欣然表示理解并一同前往继续完成验房流程。

## 情景分析

李清因为没有着重提醒业主该注意的重要事项，给对方和自己都带来了不便与烦恼。

在引导业主验收入住的整个过程中，物业服务人员需要明确地告知业主验房过程中的重点是什么，也需要在分析现场实际情况和业主差异性的基础之上明确该向业主交代的注意事项有哪些。在沟通中要着重提醒以下六个方面的问题。

- 要提醒业主直接影响他们利益的关键是什么
- 要提醒业主影响他们利益最大化的因素是什么
- 要提醒业主在验房过程中出现的新变化是什么
- 要提醒业主在实际验房中面对的环境是什么
- 要提醒不同性格的业主在验房中需要注意的问题分别是什么
- 要提醒不同年龄层的业主在验房中需要注意的问题分别是什么

## 技巧运用

其实很多情况下，物业服务人员不是故意忘记需要提醒业主的注意事项是什么，而是因为不懂得沟通技巧而造成了遗漏和疏忽。以下两种沟通技巧可以有效规避这一问题。

### 1. 首尾表达

在与业主进行沟通的过程中，可以将需要着重提醒的注意事项放在沟通的最

开始或者最末尾。用这种“总起”或者“总结”的方式可以很好地凸显话语里面的重要信息，也能给业主留下更为深刻的印象。

运用首尾表达的方法可以这样说：

“首先最关键的事情是……我要提醒各位业主注意一下!”

“最后也是最重要的，就是需要注意××情况，各位业主千万不能疏忽大意!”

## 2. 抓住时机

在沟通的过程中因时就势、找准机会进行提醒，这样更加便于业主理解和领会重点信息，也让业主更加易于接受。

运用抓住时机的方法可以这样说：

“说到这个问题，有一点需要提醒业主们重点关注!”

“针对季节的差异性，验房的环节多了一点新的变化，业主们在这点上要留心!”

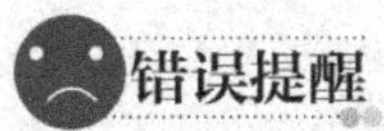

错误提醒

### 误区　认为与自己职责无关

“该说的话，我都说了，你们不注意能怪我吗?”

“我提醒了你们，已经算是超额完成任务了。”

“就算没有提醒业主也不能说我犯了工作上的错误啊。”

“谁还不忘点事儿啊，有什么大不了的。”

“忘了也没有怎么样，不是没造成什么损失吗?”

上述都是典型的逃避自身责任和失误的错误心理。从服务行业的性质来说，物业服务人员有义务向业主提醒相关注意事项。

# 情景03　理清权责，避免纠纷

## 情景再现

物业服务人员张晓在接连几天的业主“验房潮”中都碰到了同一个棘手问题：大部分业主看完房子都表示没有什么异议，但都提出想要在楼顶安装太阳能热水器。可是物业服务中心对此的态度却是十分肯定的：小区内不允许安装太阳能热水器。

针对这个问题，业主们表示十分不理解，他们大多会提出以下理由。

1. 使用太阳能热水器节能环保，这是响应政策和号召的好事情，为什么不能这样做？

2. 太阳能热水器所用的能源是阳光，在阴雨天还可以电动辅助加热，这既不受水压的影响，还能保证24小时供应热水。这么一举多得的好事情为什么物业不允许？

3. 楼顶没有被充分利用，为何不能安装太阳能热水器呢？这不是浪费资源吗？

4. 如果楼顶不能安装太阳能热水器，那又该在哪里安装呢？

业主们个个义愤填膺，所提的理由也都看似合情合理。在这种情况之下，张晓屡次沟通均无效果。最终，激动的业主们结成了“联盟”，要求找张晓的上级说明并解决问题。

面对这种困境，张晓十分头疼，工作也变得十分被动。

## 情景分析

其实张晓的问题症结在于没有理清物业的权责，以至于“背了黑锅”，承担了不应负担的指责和怨气。

在这个问题上，业主并不理解真正的权责归属，也并不了解具体政策的施行。虽然国家鼓励个人安装和使用太阳能热水器，但是在具体推行的过程中各地却有不同的规定。不了解这点，就会形成纠纷。

开发商在开发阶段也会考虑到太阳能热水器的问题，然而预留太阳能热水器的安装位置会增加建筑商的成本。因此更多开发商会采取“一刀切”的对策，禁

止业主在楼顶安装太阳能热水器，从而避开这一棘手的问题。

但是最终消息的传达是由物业环节落实的，也是在验房过程中需要着重指出的内容。这样的要求显然是和业主的意愿相背离的，不明就里的业主自然就会认为是物业管理公司从中作梗了。

## 技巧运用

想要理清权责，既需要陈述立场，又需要安抚情绪。物业服务人员作为服务方直接摆明拒绝的态度是不妥当的，应该表达得更柔和，更易于接受。

**安抚业主情绪，摆明立场和态度，物业服务人员可以这样说：**

“首先我十分敬佩各位业主的环保意识，你们的出发点是非常好的，所以请各位业主先不要激动。至于为什么不同意安装太阳能热水器，容我向你们详细解释！”

在向业主进行解释的过程中，要保持话语的坚决和肯定，需要重点阐述的是权责的归属。

**进行解释时，物业服务人员可以这样说：**

“根据相关建筑和装修法律法规的规定，不允许业主擅自改变建筑的外观和用途，并且小区在进行建设的过程中也没有预留出相关的管道，这里面有开发商的考虑和安排。”

无论怎样，理由终归是“冰冷的”。所以如果仅以理由作为结束语的话，很难让业主完全满意。这时可以以退为进，告知业主：如果他们一定坚持自己想法的话，可以继续向开发商反映；但是本着公平性原则，要在所有业主均同意并签字的情况下再进行安装。这看似是“松口”，实则是希望业主知难而退，并且也在这个过程中理清了权责。

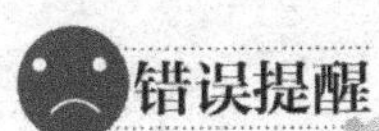

## 错误提醒

### 误区　态度强硬摆明立场，没有权责便推诿工作

“这就不是我们该管的事儿，和我们有什么关系。”

“该和谁说就和谁去说，和我们说不着。”

这样沟通不仅不会解决纠纷，还会激化矛盾。物业服务人员这样说只能将矛头指向自己。即便确实没有权责，物业服务人员也应拿出主动积极解决问题的态度，并且可以从第三方的角度向业主建言献策，这样才能让业主无可挑剔。

## 情景 04　及时告知，主动作为

### 情景再现

这天，几名业主一起来到兴业小区验收自己的房子。在物业管理接待区，服务人员刘梅向他们介绍了验房的注意事项和流程后，便让业主们先去自行验房了。

业主走后，刘梅的同事郭海走过来说：“兴业小区当初承诺要为业主们设计和建造小区内部的森林公园，但是现在房子已经到验收阶段了，还是没有落实到位。这点你刚才怎么没有和业主们提前说清楚呢？”

刘梅说：“这么闹心的事情我干嘛要主动提啊，我只交代我该交代的事情就行了。再说业主们可能光顾着验房了，也许并不会去注意物业绿化的问题。这样我就能‘躲过一劫’了。”

刘梅话音刚落，刚才那几名业主便气冲冲地推门进来了。其中一名业主代表面露不悦，和刘梅说：“房子我们刚都验收了，没什么大问题，可是我们并没有看到当初买房时说好的森林公园啊！那片划定的区域现在还是荒芜一片，这是怎么回事？要知道我们就是冲着这个环境才买的啊！你刚才怎么没有告诉我们呢？你得给我们解释清楚……”

刘梅面对一通“逼问”，不禁乱了阵脚。而在这种情况下，无论她再怎么解释也无法安抚业主们的情绪了。

### 情景分析

刘梅因为抱着侥幸和逃避的心理，没有事先主动告知业主一些不尽如人意的特殊情况。这样便等于放弃了可以安抚业主情绪的最佳时机。

★ 主动告知特殊情况，可在沟通中起到“先发制人”的效果，从而掌握主

动权。

★ 主动告知特殊情况，业主会认为物业服务人员在向自己解释，而被动告知特殊情况的时候，业主则会认为物业服务人员在进行辩解和遮掩错误。

★ 主动告知特殊情况，可以在业主心平气和的状态之下进行沟通，而如果等到业主逼问再被动告知的话，那物业服务人员面对的便是已经颇有怒气的业主了，这无疑会加大沟通的难度。

## 技巧运用

特殊情况一般存在于验房的正规流程之外，大致包含以下五类问题。

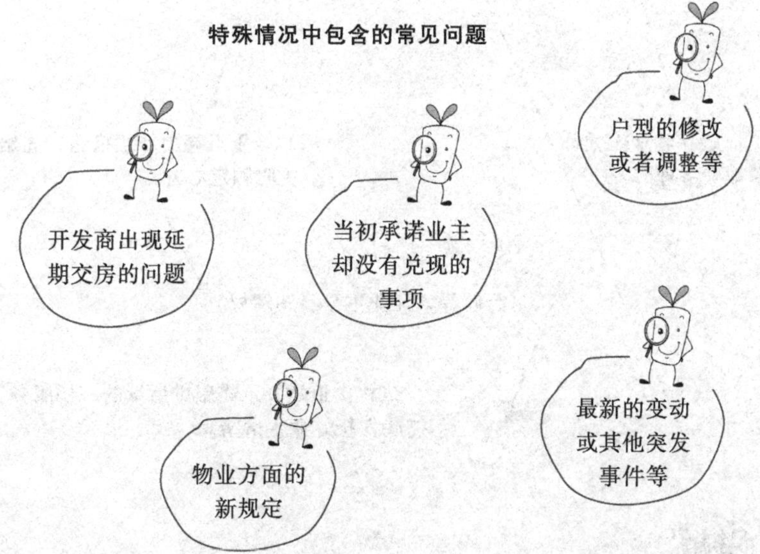
特殊情况中包含的常见问题
开发商出现延期交房的问题
当初承诺业主却没有兑现的事项
户型的修改或者调整等
物业方面的新规定
最新的变动或其他突发事件等

从上述问题中可以看出，所有特殊情况所包含的问题都可能会掀起业主与物业公司之间的一次“惊涛骇浪”。那怎样主动告知才能平息风波呢？物业服务人员需要做的首先是辨明问题的属性，然后按照不同的属性选择不同的沟通策略。

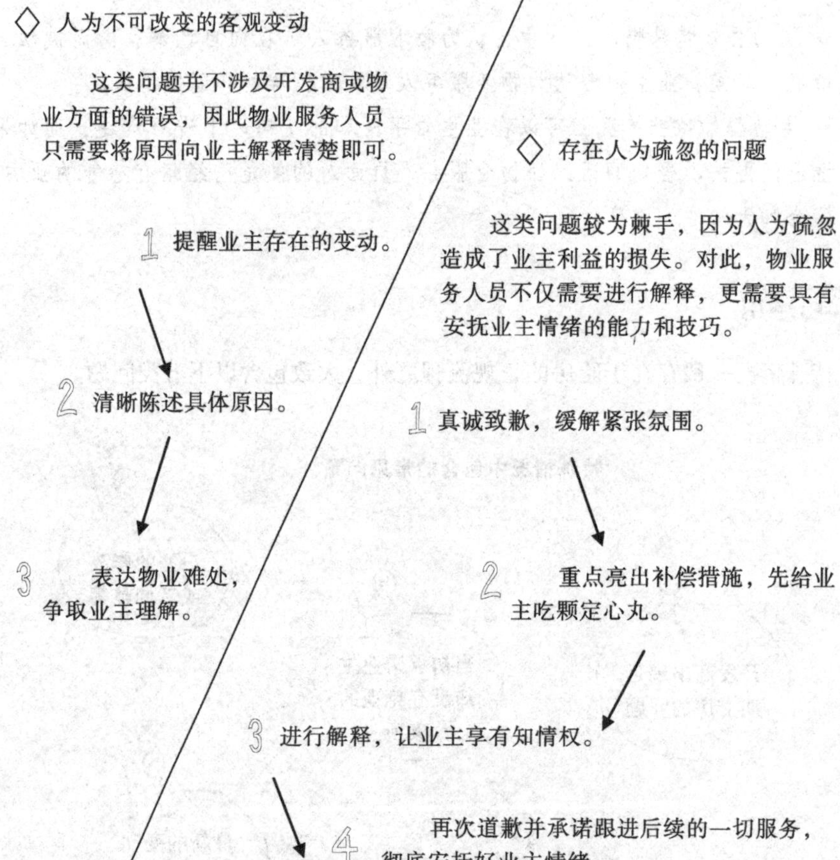

◇ 人为不可改变的客观变动
这类问题并不涉及开发商或物业方面的错误，因此物业服务人员只需要将原因向业主解释清楚即可。
1 提醒业主存在的变动。
2 清晰陈述具体原因。
3 表达物业难处，争取业主理解。
◇ 存在人为疏忽的问题
这类问题较为棘手，因为人为疏忽造成了业主利益的损失。对此，物业服务人员不仅需要进行解释，更需要具有安抚业主情绪的能力和技巧。
1 真诚致歉，缓解紧张氛围。
2 重点亮出补偿措施，先给业主吃颗定心丸。
3 进行解释，让业主享有知情权。
4 再次道歉并承诺跟进后续的一切服务，彻底安抚好业主情绪。

## 错误提醒

在处理这种棘手的特殊情况时，最忌讳的便是遮遮掩掩和侥幸心理。有些物业服务人员在解决问题的过程中，要么故意含混不清地处理，认为这样便能“蒙混过关”；要么干脆故弄玄虚，认为和业主绕弯子之后便能“溜之大吉”。这些都是十分错误的沟通方式。因为这样不仅不能让自己“转危为安”，反而会让业主产生更多的疑问。

# 情景 05　验房异议，区别对待

## 情景再现

物业服务人员朱晓宇最近十分郁闷，她自认为自己的工作和态度无可挑剔，对待每一位验房的业主都做到了“春风般的温暖”。不论业主们提出什么问题，她都照单全收，解决到底。

可是在部门工作总结大会上，朱晓宇却受到了主管的批评。主管的依据是：朱晓宇独立解决业务的能力不强，平均接待一位业主和帮其解决问题的时间都多于其他同事，有时甚至需要同事和领导的支援与帮助，并且在业主的投诉簿中，朱晓宇收到的投诉也是位列榜首的。主管让朱晓宇认真反思一下自己的工作，并且尽快改正工作态度和沟通模式。

朱晓宇自然觉得委屈：自己在十分努力地让每一位业主都满意，甚至自己都已经低声下气了。这样的态度也是一种错？自己的沟通又存在什么问题？……她百思不得其解。

## 情景分析

其实朱晓宇工作的出发点和意愿是正确的，但错就错在她没有区分不同的业主对象，没有区别不同性质的验房异议。这便是她“费力不讨好”、工作效率低下的原因。

首先，从不同的业主对象来说，有些业主很明事理，为人处世都比较客观；而有些业主则不然，他们可能斤斤计较，吹毛求疵。物业服务人员自然不能去评论业主这些特质的对与错，但却需要根据不同的特质调整自己的沟通方式。

其次，从不同性质的验房异议来说，有些异议是合情合理的，而有些异议则是子虚乌有，甚至是部分业主在故意找茬。这些都需要物业服务人员加以判断和甄别。

如果像朱晓宇一样只用简单而单一的方式去应对林林总总的情况，就会让自己的工作陷入被动和困境。

## 技巧运用

区别处理验房异议的关键在于“因人而异”，与不同类型的业主沟通就需要选择不同的说话技巧来应对。

针对明白事理、为人处世又很客观的业主，他们提出的异议通常也是合理的。物业服务人员在处理这类异议时，要尽可能多地了解业主的想法，进而通过语言的沟通来消除业主的异议，如果仍然没有解决，要向业主传达后续跟进的细节，提出中肯的建议。

**在面对这种类型的业主异议时，物业服务人员可以这样说：**

“刘先生，是这样的，您可以直接告诉我您不满意的关键地方在哪里吗？”

“这个事情是这样，您可能有点误会，……不知道我刚刚说的您是否理解和认可？”

“我会将您的异议转达给××部门（说出具体的部门名称，不要用‘相关部门’代替，以免业主认为物业服务人员有意进行敷衍），一有反馈就立即通知您！”

针对无事生事、故意找茬的业主，物业服务人员需要先明确他们提出的异议是否合理。如果他们的异议并不是为了所有业主的利益，就应该做到“有礼、有力、有节”地解决问题，而不是一味迁就业主的所有要求。

**在面对这种类型的业主异议时，物业服务人员可以这样说：**

“不好意思先生，这是您个人的看法和意愿，如果您不能接受，不妨换位想一想？”

“先生，物业的所有规定考虑的都是全体业主的共同利益，对所有人都没有例外，我们恐怕帮不了您！”

“您的这个要求我们物业无权解决，您可以再想想别的途径！”

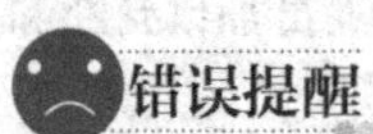


### 误区一　没有原则一再退让

“好吧，好吧，您说得都对，我表示十分赞同。”

“既然您提出来了，我们会尽量去满足。”

这种没有原则的沟通方式虽然会满足个别业主的意愿，但是可能会伤害到大多数业主的利益。而物业服务工作的最终目的是权衡整个小区所有业主的权益，所以这样做不太妥当。

### 误区二　全盘接受不拒绝

物业工作的本质是为业主做好服务，这固然没错。但这并不意味着物业服务人员必须全盘接受业主所有的异议，如果有凭可依，有理可据，有情可讲，物业服务人员也可以适度礼貌地坚持自己的立场和观点。

## 情景 06　二次验房，谨慎对待

### 情景再现

这天，物业服务人员李军刚上班，前两天刚刚验过房子的业主又推门进来了。

李军看出了业主的不悦，也知道是因为什么：上次这个业主对交房时的一些小细节并不是很满意，所以没有在确认书上签字，而是提交异议之后申请了二次验房。

李军自然不敢懈怠，他像接待老朋友一样为业主倒了一杯水，并热情地寒暄着：“不好意思，又让您跑一趟，我本来还说今天上班第一项工作就是给您去个电话呢！”业主虽然还是不太高兴，但看到李军这么热情，也礼貌性地回了一句：“谢谢！”

待业主坐定，李军马上说：“上次您提出的问题，我在第一时间就和建筑工程方面的人员取得了联系，催促他们赶快过来解决问题，插口松动和踢脚线不齐的问题已经为您解决了，就等着您再去验收了。虽然建筑队因为赶工交付，在细节方面出了纰漏，但我们物业服务中心也有监督和提醒不力的失职之处，真诚向您致歉！”

业主听了这番话，心里痛快了许多，忙说：“没事没事，可以理解，问题解决了就好。”

这次李军特意陪同业主一起去验房，并在整个过程中提醒业主该关注的细节和事项。业主最终在验房确认书上签了字，临走时，业主握着李军的手说：“小伙子，谢谢你！”

## 情景分析

对待二次验房的业主，物业服务人员要更加谨慎。之所以会出现二次验房的情况，主要有以下两种原因。

### 1. 业主的性格特质

有些业主十分小心谨慎，处处追求完美，和其他业主相比，他们在验房过程中可能会提出更高的标准和更多的要求，因此常常会选择二次验房。对待这一类型的业主，物业服务人员需要有更多的耐心和定力。

### 2. 在验房过程中提出异议

在验房过程中，业主可能会对开发商的交付不满意，可能会对房子的质量、实测面积和细节不满意，也可能会对物业的服务不满意。此时，业主便会提出异议，申请二次验房。

在这种情况下，业主通常已经累积了较多的负面情绪，物业服务人员不仅需要安抚他们的情绪，更需要保证二次验房的顺利进行。这对物业服务人员来说是个不小的挑战。

## 技巧运用

针对业主进行二次验房的情况，物业服务人员在与其沟通时要做到五个“更加”。

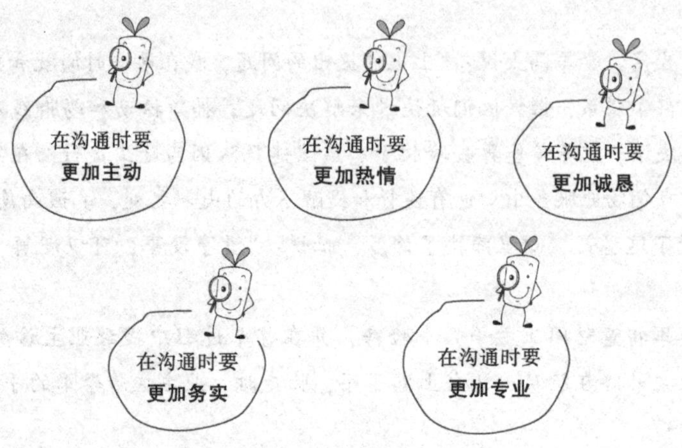
在沟通时要
更加主动
在沟通时要
更加热情
在沟通时要
更加诚恳
在沟通时要
更加务实
在沟通时要
更加专业

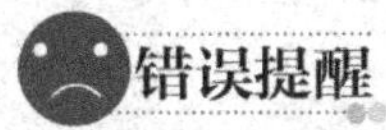

### 误区　仅仅针对第一次验房解决问题

“你上次的问题已经解决了，这回没什么异议了吧。”

“我觉得我们的工作做得还是很到位的，要是您再提出异议就真说不过去了。”

物业服务人员这样说会表露出不耐烦的情绪，这容易激起业主的反感心理，不利于问题的解决。在沟通过程中，物业服务人员不仅需要重点说明上次遗留问题的解决情况，还需要对可能产生的新问题和新情况进行全面告知和提醒。

## 情景 07　过分要求，巧妙应对

### 情景再现

张红女士买下了某花园小区一套使用面积近 200 平方米的房子，验收并无异议。随后她与物业服务人员徐家明聊到了关于房子装修的问题。

张红盛气凌人地说：“我这房子面积大，我又急着住，所以在装修进度方面我得赶一赶。我已经和我请的装修队打好招呼了，要他们 24 小时加班加点，在我要求的时间内装修完。”

徐家明看不惯张红这种居高临下的样子，在交谈的过程中早就心生厌烦。听到她提出这种过分要求，更是气不打一处来，便直接回绝张红说：“你的想法估计实现不了。”

张红女士不依不饶地问：“为什么？难道我自己的房子我在装修上都不能做主了？”

徐家明说：“我们物业方面对装修时间有着明确的规定，你的做法已经违反了规定，就是这么简单。”

张红女士本就优越感十足，自己的需求没有得到满足，又见到物业服务人员是这种态度，自然压抑不了怒火：“你们领导是谁？我要投诉你！”

最后，物业公司上上下下十几人全都过来安抚张红，这才勉强将她的怒火平息下来……

## 情景分析

从客观角度来说，业主张红确实有失当之处，过于盛气凌人的性格和过分的要求都是引起这场“战斗”的导火索。

但是如果站在物业服务的角度来看待问题，每一位业主都是“上帝”，徐家明当然更需要从自身工作和有效沟通的层面出发，认识自己的错误。

在面对业主提出过分或无理要求时，要巧妙应对，这个“巧妙”体现在哪里呢？就是既要礼貌地指出业主的错误，拒绝业主的不合理请求，又要能将自己“置身事外”，以免被业主的坏情绪所殃及。

很显然，徐家明的处理方式太过稚嫩。他毫不掩饰地表现了自己的主观情绪，并且用“硬碰硬”的方式去解决问题。这样不仅有失物业服务人员的专业水准，更有损个人形象。

## 技巧运用

要礼貌地指出业主的不当之处，拒绝业主的不合理请求，读者可以参考下面的谈话模板。这些模板至少可以保证物业服务人员在应对业主的过程中不会犯太大的差错。

**在礼貌指出业主错误，拒绝其请求时，物业服务人员可以这样说：**

“不好意思先生，这个要求恐怕很难实现。”

“对不起女士，我们可能要让您失望了。”

“是这样的女士，如果您有更好的办法的话，我建议您不要像现在这样做。”

“对不起阿姨，这样做恐怕真不行，我帮您一起想想其他办法吧。”

“不好意思先生，您这样做确实让我们很为难。”

另外，在拒绝业主的同时，还要将自己“置身事外”。这个看似“不可能完成的任务”该如何通过口才去实现呢？那就是借用第三方的立场去告知业主，让自己完成传达者的角色扮演。具体的说话技巧可参考下面的模板。

**在借用第三方的立场去告知业主时，物业服务人员可以这样说：**

“先生，您这样做恐怕其他业主们会有意见的，到时候估计会给您添很多麻烦。”

“我很理解您迫切的心情，但我们也可以换位考虑一下，如果是您的邻居这样做，您会怎么想呢？”

“这是物业方面的统一规定，不是针对您，是所有业主都必须要遵守的。我也不能违反这个规定，希望您理解。”

“从我个人的角度来讲，当然是希望满足您的需求。可是因为这个请求涉及更多人的利益，我担心他们会有异议。”

## 错误提醒

### 误区一　用个人好恶去评价业主

“这业主太事儿了，我怎么那么不想和她好好说话呢。”

“我就是讨厌这种人，我是服务人员又怎样？就是不拿你当上帝又怎样？”

相由心生，当物业服务人员心中有上述想法时，其语言、表情、动作都会表露出其内心的想法。在这种状态下去沟通自然不会收到良好的效果。

### 误区二　认为业主理亏便无所顾忌

“明明是业主的错，我怕什么？凭什么还要低声下气！”

“不管怎么说都是我有理！业主爱怎么闹就怎么闹！”

上面这种想法也是错误的，虽然从道理和情义来说，业主的决定可能是不妥的，但是从物业服务的角度来说，每个业主都没有所谓的对与错。他们只是有着各种诉求，并希望得到物业方面的理解和援助。所以物业服务人员在沟通的时候要时刻谨记专业精神，注意个人形象，尤其在面对业主的过分要求时更应表现得专业。

# 第2节　装修

## 情景08　违章装修，文明劝阻

### 情景再现

物业服务人员李欢接到一个来自业主的投诉电话，这位业主向李欢表达了自己的不满，因为他的邻居在装修时自作主张砸了承重墙，这不仅严重影响了他的休息，还让他对居住环境的安全性产生了怀疑。这位业主希望物业方面可以出面协调和解决。李欢也立即应承了这个任务。

根据电话提供的楼层信息，李欢亲自来到了被投诉业主正在装修的房子里，一见到业主，小李便称赞道："您家房子的装修设计很有创意嘛！我是物业服务人员小李。"业主一听这话，也喜笑颜开过来打招呼。李欢接着说："是这样，我来实地了解一下您的装修情况，看看有没有需要我们物业协助的。"业主忙不迭地说谢谢。

寒暄几句之后，李欢把目光放到了承重墙那里，说："哎呀！您对承重墙做了改动？这个问题在验房时我们便明确告知了，砸掉承重墙是不被允许的啊。"业主自知理亏，但也不好多说什么，只是面露愠色。

李欢见状接着说："从业主的感情角度来说，自家的房子自己做主，我们不该干涉，这个想法我很理解。但是承重墙比较特殊，它还关系到所有关联业主的安全，所以我们需要过问一下。"

"另外，如果是出于装修创意安排的话，我们物业方面可以帮您联系一些专业的装修设计师，看看能不能多出几个方案，在保留承重墙的前提下尽量实现您的想法和创意。后面我会一直持续跟进的。您看怎么样？"

业主已经被李欢说得很过意不去，连声称好，并对自己的行为表示了歉意。

## 情景分析

业主在违章装修时的很多问题都十分考验物业服务人员的口才能力。因为这些业主通常存在“我的地盘我做主”的思想误区，所以物业服务人员首先要做的就是进行**说明**，就事论事、客观公正，让业主无话可说。

另一方面，这些业主通常在装修方面有自己的独到见解，服从物业的安排就意味着需要部分放弃自己的装修理念。这是一个很难接受的过程。所以物业服务人员在激辩之后，还要进一步**说服**业主，让业主心服口服地转念到正确的轨道上来。

案例中的李欢显然做到了以上两点，他并没有直接对业主进行批评，而是欲抑先扬，先对业主的装修设计进行了赞美。这是快速打消业主防备、急速升温沟通氛围的妙语。

接着李欢不卑不亢地指出了业主的违规行为，没有半点含糊和犹疑，这等于将业主“逼到死角”。紧接着他又以周到的服务进行说服，业主自然“缴械投降”了。

## 技巧运用

**说明**的目的在于摆明物业方面的立场，而**说服**的本质则是提升物业的服务质量。在这个过程中物业服务人员可以遵循以下六个技巧，具体如下图所示。

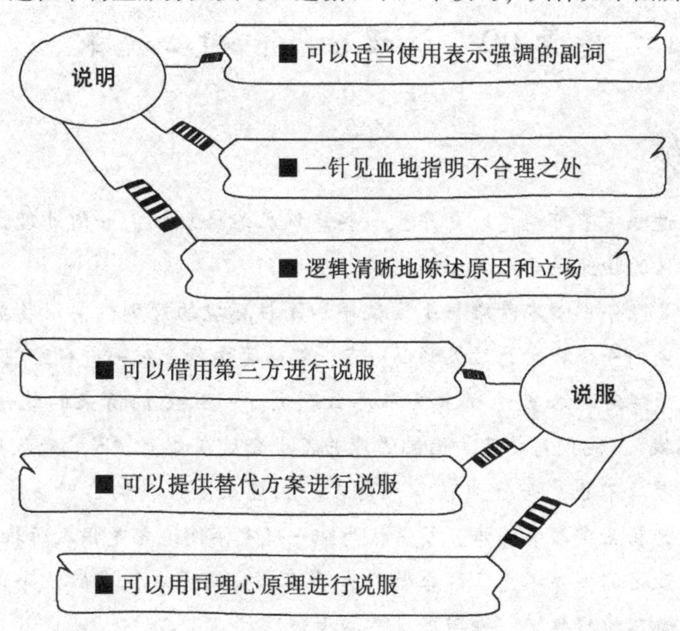
说明
■ 可以适当使用表示强调的副词
■ 一针见血地指明不合理之处
■ 逻辑清晰地陈述原因和立场
■ 可以借用第三方进行说服
说服
■ 可以提供替代方案进行说服
■ 可以用同理心原理进行说服

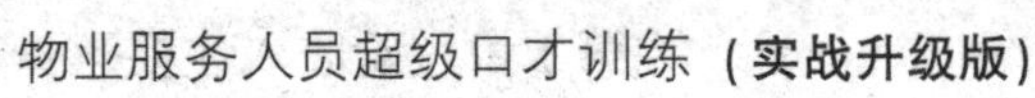


错误提醒

### 误区一　说明时与业主撕破脸皮

“我讲了这么多，你怎么还是不明白，你这人怎么回事啊？”

“规定就是规定，没什么理由好讲的。”

物业服务人员切忌使用强硬的措辞和语气与业主沟通，否则就不是说明，而是激辩。

### 误区二　说服时对业主唯唯诺诺

“您就当大人不记小人过总行了吧？”

“求求您了，别再继续了好吗？”

这并不是说服，而是请求（甚至是哀求）。这种语言表露出了物业服务人员的自卑与弱势心理。这不仅不能让业主认识到错误，反而会引起对方的反感，认为物业服务人员是在向自己提出无理要求。这样沟通效果便适得其反了。

## 情景 09　清理垃圾，耐心说服

情景再现

在装修过程中不可避免地会产生一些建筑或维修垃圾，如何处理这些垃圾确实令方圆小区的物业服务人员十分头疼。

方圆物业服务中心本着维护小区秩序和保护环境的原则，要求物业服务人员提前告知业主们一个指定的垃圾倾倒地点，然后再由物业统一进行处理。

但是这项规定在落实过程中就不那么顺利了，业主们请来的装修队通常只是“短线作战”，他们对物业方面的管理并不十分放在心上。因此乱放垃圾、乱扔垃圾的现象屡禁不止。而物业服务人员在与相应业主进行沟通时多半也会受阻，要么业主认为物业是多管闲事，要么认为统一规定倾倒地点是强人所难。

总之，业主们多半不愿意配合物业开展工作，而原本仅有的几个遵守规定的业主见大家都不执行规定，慢慢也就“随大流”了。

## 情景分析

明明是物业方面用心良苦，希望给所有业主提供一个干净宜居的环境，可是为什么身为受益方的业主反而会不领情呢？这里存在三个问题。

★ 物业服务人员没有讲透问题的利弊，而仅仅是就事论事。

★ 物业服务人员没有考虑到不同业主的特殊性，因此无法“各个击破”。

★ 物业服务人员没有讲明相应的违规处理措施，说服力度不够。

## 技巧运用

在讲透问题利弊方面，物业服务人员要学会从大局出发、从长远的角度去阐明自己的观点。

何为大局？就是在说服时要从全体业主的利益出发，并且用换位的方式去启发业主设身处地思考问题。

何为长远？就是在说服时要从较长时间和房产升值的角度出发，去引导业主与物业的想法同步。

**物业服务人员可以这样说：**

“您这样做，对其他业主不公平！假设您是其他业主中的一员，您又会作何感想？”

“按规定倾倒垃圾，从长远来看受益的还是大家，小区环境好，房子升值也快啊！”

在业主特殊性方面，物业服务人员需要考虑有些业主的房子确实离指定地点较远，定点倾倒实行起来不太方便。这个时候再进行说服就需要表示理解和体谅，并且主动提出援助了。

“考虑到您的房子离指定地点确实较远，我们十分理解您的难处，所以我们安排两名服务人员帮您处理，您看怎么样？”

在向业主说明相应违规处理措施时，物业服务人员要尤其注意措辞的选择和分寸的拿捏。因为业主很容易会理解成这是“罚款”，进而会更加不愿意配合物业工作。所以，服务人员要掌握好相应的方法和技巧。

“如果没有按照规定清理垃圾的话，物业会在您的装修保证金中扣除一部分，希望您能理解，因为我们的最终目的不是为了收费，而是为了提升大家的生活品质，这样最大的受益者还是大家。”

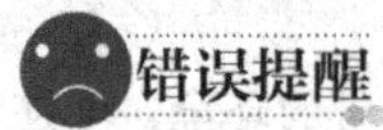

错误提醒

### 误区　强硬表述不做解释

“不用我再多说了吧，不能随便乱扔垃圾这点常识您都不知道吗?”

“这是规定，您必须得按要求来，否则您的保证金我们就不能全额返还了。”

这些话语一抛出，便会让业主闻到浓浓的“火药味”。而物业服务人员的主要职责是做好服务工作，这样去和业主沟通显然是不对的。

# Chapter 2

# 第 2 章

## 便民服务要贴心

- 积极宣导社区文化
- 提高业主安全意识
- 礼貌接待业主来访
- 尽心解答业主疑惑
- 定期走访征询意见
- 组织活动积极动员
- 建立长期友好关系

**物业服务人员工作日志**

★当我向业主们宣传社区文化时，业主们却冷冰冰地表示与他们没有任何关系，这让我很沮丧……

★号召提高安全意识是为了业主们自身着想，但为什么他们就是不明白呢……

★业主有疑惑，我也在尽最大努力为他们解答，可为何他们还是有各种不满……

★中心下周准备组织一场小区篮球赛，让我和其他同事去动员业主们积极参加，我该怎么说呢……

# 第 1 节　树形象、建品牌

## 情景 10　社区文化，积极建设

### 情景再现

你所在的小区是否存在以下现象？

有些业主将自行车放在公共楼道里，影响了其他业主的进出。

有些业主将垃圾堆放在门口，导致楼道里弥漫着垃圾腐败的味道，对门的业主苦不堪言。

有些业主打一夜麻将，洗麻将的声音使得楼上楼下的业主无法入睡。

有些业主纵容自家的孩子在小区墙壁上乱写乱画，影响了小区的美观。

有些业主随意停车，不仅阻碍了其他业主的出行，也容易出现剐蹭等情况，损害业主自身的利益。

还有一些业主，在与物业服务人员或其他业主出现矛盾时，使用不文明用语，甚至采用暴力手段。

……

### 情景分析

以上都是小区内经常出现的现象。业主的这些行为是不文明、不和谐的行为。这些现象的危害性看似不大，却对社区文化建设造成了较大的影响。物业服务人员应时常与业主进行沟通，积极宣导文明和谐的社区文化，坚决遏制上述不文明的行为。

### 技巧运用

良好的社区文化建设不是一朝一夕就可以完成的，需要物业服务人员勤观察、多了解、常沟通，在发现问题后采用正确的宣导方式，引导业主树立主人翁意识，积极投身到社区文化建设中去。

在宣导社区文化时，物业服务人员首先应注意使用文明用语。俗话说“伸手不打笑脸人”，首先要做到文明礼貌，把“请……”“麻烦……”“不好意思，打扰了……”等文明用语熟练运用于沟通中。

**物业服务人员可以这样说：**

“请您把自行车放到储藏室里，如果您觉得不方便的话，也可以放到楼外的车棚里。”

“王先生，不好意思，打扰您了！我在楼外看到您家的露天阳台上摆了好多盆花，这样容易有安全隐患，也会给您带来一定的损失。我觉得您可以摆在露台的地上，浇水修剪也更方便，您觉得呢？”

在采用文明用语的同时，还需要物业服务人员借助一些沟通策略，以便有效地完成宣导工作。

### 1. 攻心为上策略

**物业服务人员可以这样说：**

“您是小区真正的主人，想必您肯定也不想生活在一个垃圾遍布的环境里吧？”

### 2. 换位思考策略

**物业服务人员可以这样说：**

“您想想，如果是其他业主的车辆正好挡住了您出行的路，而且您正好也有急事，您是不是也会非常着急？”

### 3. 变堵为疏策略

**物业服务人员可以这样说：**

“李先生，我看您家门口有时会堆放着生活垃圾，我猜您可能不经常下楼吧？您看这样可以吗，我们保洁人员每天下午 5 点以后清理楼道，您 5 点的时候把垃圾放在门口，她会帮您清理的。”

### 4. 因小见大策略

**物业服务人员可以这样说：**

“经过多日观察，我发现您有一个习惯，虽然这是一个很小的习惯，但是却有可能导致很严重的后果，是这样的……”

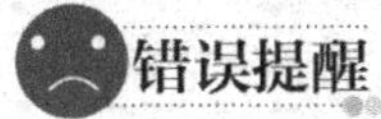

**误区　延时宣导**

“我看到您前两天……”

积极宣导社区文化需要物业服务人员在看到不和谐行为时，尽可能在第一时间上前沟通劝导，若延时宣导，效果将会大打折扣。

## 情景 11　安全意识，时时宣导

### 情景再现

临近年关，华庭小区总有燃放烟花爆竹的情况。物业服务人员李杰在小区巡视的时候就发现了这样一个场景：

在 3 号楼一单元的门口，有一对夫妻带着一个看起来只有三四岁的孩子在门口摆放烟花。摆放好后，男业主为了让孩子体验一下点燃烟花的乐趣，于是打算抱着孩子，让他亲手去点。

李杰考虑到最近小区发放的关于禁止燃放烟花爆竹的通知，认为自己应该立即阻止业主的行为，以防出现火灾隐患。

于是，他快速大步上前，从孩子手中夺过了引燃器。孩子被突发状况吓到了，大哭起来，业主与李杰吵了起来。

### 情景分析

业主的做法显然是不安全的：

第一，小区内植物密集，燃放烟花爆竹容易引发火灾；

第二，纵容孩子亲手去点燃烟花显然十分不妥，一旦失误就有可能造成严重的后果。

不过，虽然业主违规燃放烟花爆竹有错在先，但李杰也不应该摒弃温和有效的口头劝说方式，而采用简单粗暴的强硬方式，以致引起业主的不满，激发了这场争执。

作为物业服务人员，维护业主们的安全是李杰的重要职责，但同时他也应该考虑到业主的接受度，以恰当婉转的方式与业主进行沟通，并适时向业主宣传安全知识，提高他们的安全意识。

## 技巧运用

当业主的一些行为可能危及业主自身或其他业主的安全时，物业服务人员不应采用暴力方式加以解决，而应该通过耐心的沟通劝阻业主，使其心甘情愿地放弃这些危险的行为，提高其安全意识。

首先，物业服务人员可以借助重申社区的硬性规定来劝阻业主放弃可能对社区内部环境或人员安全造成一定威胁的行为。

**李杰可以这样说：**

“咱们小区里有规定，不允许燃放烟花爆竹，您作为小区的业主，是不是应该好好遵守规定呢？”

“咱小区里不能燃放烟花爆竹的，这个通知您应该看到了吧？您可以晚饭后带着孩子去附近的空地上放，也正好可以饭后散步。这样既保证安全，又可以让孩子享受到乐趣。”

其次，为了安抚业主的抵触情绪，物业服务人员应该详细告知这种行为可能造成的危害，或者可以通过讲述小区内的实际情况或某个教训提醒业主。

**李杰可以这样说：**

“您看，这地上到处都是枯树枝，如果火花到处飞溅，很容易引发火灾的，也会给您造成一些不必要的损失。”

“在楼前燃放烟花爆竹很容易扰民，都是邻里邻居的，如果打扰到别人也不好，您说是吧？”

“昨天6号楼前面着火了，起因就是燃放烟花爆竹。那位业主受了不小的损失呢，您肯定不想这样吧？”

最后，提醒业主注意自身安全。物业服务人员应站在业主的角度为其考虑这

种行为可能对其自身造成的危害，拉近物业服务人员与业主之间的距离，从而获取业主对物业服务人员的理解和支持。

**李杰可以这样说：**

“现在的新闻隔三差五地报道烟花爆竹对人体可能造成的伤害，您抱着孩子去点烟花，多危险啊！”

“烟花是挺漂亮的，但是您在燃放的时候一定要注意自身和家人的安全，家人的健康和快乐才是最重要的。您说是不是？”

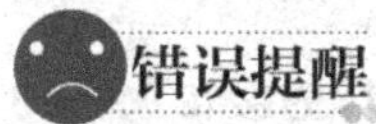

### 误区一　莽撞行事

“你这么做可不行，得罚款！”

“我要写个通告告知其他业主，看你怎么办！”

这种应对方式很容易激起业主的逆反情绪，使情况陷入更糟的境地，应避免。

### 误区二　不管不顾

“放就放吧，其他小区也有这个情况。”

“出了事我可不负责！”

“和我没有关系，我才不管呢！”

维护业主安全、提高业主的安全意识是物业服务人员的重要职责，不管不顾不仅是对业主的不负责，也是对自己的不负责，应避免。

## 情景12　业主来访，礼貌接待

### 情景再现

业主李先生来到某物业服务中心，想咨询有关物业服务费构成和支出方面的问题。接待他的物业服务人员赵敏不耐烦地跟李先生说道：“我也不太清楚，等我们经理来了你问他吧。”

李先生听到赵敏的回答很生气，说道：“连这点小问题都不清楚，那你们在收物业费的时候是不是也是胡乱收的?!”

赵敏不予理睬。

此时，秦先生恰好也来到服务中心询问此事。赵敏问明来意后冷冷地说了一句：“你等等，我们正在接待这位先生。”

秦先生一听也急了：“他是业主，我就不是业主了？凭什么让我等一下？再说了，也没见你们接待谁啊，你明明就一直在这儿闲着。”

两位业主均对赵敏的服务表现出了强烈不满，现场气氛顿时变得很不愉快。

## 情景分析

业主李先生来访的目的是咨询物业服务费的构成和支出，而作为接待人员的赵敏不清楚具体内容虽然情有可原，但她不应直接拒绝李先生的提问，这样既不礼貌，也不够专业。

当秦先生来访时，他可能本来已经做好了“等一会儿”的心理准备，不准备插入到赵敏和李先生的交谈中，但是赵敏却态度冷漠地要求他在一旁等待，显然既不礼貌也没有给予秦先生足够的重视。

## 技巧运用

业主主动上门，显然是有事来访，可能是来投诉或者来提建议，也可能是来咨询一些问题。物业服务人员在接待时应面带微笑，言辞礼貌，表现出热情周到的态度，给业主留下良好的第一印象。

**赵敏可以这样说：**

“先生，您好，请问有什么可以帮到您的?”

“您好，请这边坐，您是喝茶还是咖啡?”

“女士，您好，请问您有什么事情吗?”

当业主提出一些自己无法解决的问题时，不应以“我也不清楚”“这不是我的工作职责”“和我无关”之类的话语回应，而应积极地为业主提出其他方面的建议或是咨询相关人员后再告知业主。

**赵敏可以这样说：**

“李先生，您先喝杯水稍等一会儿，我马上请专门负责的同事为您讲解一下。”

"李先生，我这里有一份物业服务费用构成和支出的详单，您可以先了解一下，如果有不明白的地方，稍后我再请我们经理为您解答。"

"我们负责相关业务的同事现在不在，我不太清楚情况，所以不敢给您胡乱解答。李先生，您看这样可以吗？等他回来后我向他了解一下再给您打电话或者让他直接给您讲解。"

物业服务人员在接待业主的时候，很有可能遇到多位业主同时来访的情况，遇到这种情况，物业服务人员应一视同仁，切忌因对一位业主过分亲热而忽略其他业主。同时，面对正在接待的业主，物业服务人员还应做到速战速决，避免让后面的业主久等。

赵敏可以这样说：

（对正在接待的业主）"李先生，您先看着详单，我去给刚进门的业主倒杯水，马上就过来。"

（对后面等候的业主）"先生，您好，您先喝杯水稍等一下，我很快就过来。"

（对后面要接待的业主）"不好意思，让您久等了！请问有什么可以帮到您的？"

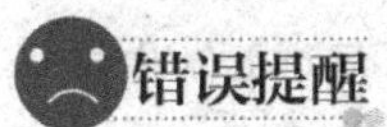

## 错误提醒

### 误区一　厚此薄彼

场景 1：直接不理睬稍后来访的业主。

场景 2：长时间接待前一位业主，以至于第二位业主等待的时间过长。

场景 3：热情对待熟悉的业主，冷漠对待初次到访的业主。

业主需要的是公平对待。物业服人员在接待时应牢记这一点。以上三种场景都属于不公平接待的情况，物业服务人员应尽量避免。

### 误区二　敷衍应对

"我们马上下班了，你明天再来吧！"

"这个我真不清楚，你还是去找其他人吧！"

（打断业主的谈话）"我知道你要说什么了，这个我也不懂。"

物业服务人员应尽量避免用以上这种推脱、敷衍等随意应付的心态接待业主。

# 情景13　业主疑惑，尽心解答

## 情景再现

业主王先生联系到物业服务中心，要求物业服务人员为他安装一部电话分机。

物业服务人员李海很快就上门了，一个多小时后，分机顺利安装完成，李海按照物业服务中心的规定向王先生收取30元的服务费。

王先生很不高兴，说："我每个月都交纳管理费，为什么还要另外再交纳费用呢?"

李海回应："这是我们物业服务中心的规定，我已经给您安装完了，您不愿意交也得交。"

王先生认为李海有私自收费的嫌疑，于是拒不交纳30元的服务费，并随即把李海投诉到了物业服务中心。

## 情景分析

业主王先生显然没有分清管理费和服务费的区别，并对这30元服务费的去向存在疑惑，认为李海存在私自收取费用的嫌疑，因此拒不交纳。

面对王先生的质疑，李海采取了错误的沟通方式，他不仅没有向王先生详细解释管理费和服务费的区别，而且还以"已经安装完毕"为由，以强硬的态度要求王先生必须交费。

在这样的状况之下，王先生只好将李海投诉到物业服务中心。

## 技巧运用

良好的服务是物业服务人员赖以生存的根本，而良好的服务来源于良好的沟通。可以说几乎大部分业主对物业管理的相关规定都不甚了解，这就需要物业服务人员在面对业主的疑惑时，耐心细致地进行解答。

面对业主的疑惑，物业服务人员首先应搞清楚业主产生疑惑的原因，了解业主的真实想法。

> 面对王先生的疑惑，李海首先应在心底搞清楚产生疑惑的原因，了解王先生的真实想法：
>
> 王先生应该是没搞清服务费和管理费的区别，担心这30元是我私自收取的。

找到业主疑惑的根源后，物业服务人员应针对业主的疑惑进行详细耐心的解答，进一步消除业主的疑惑。

李海可以这样说：

“安装之前没有给您解释清楚，这是我的失误，请您谅解。您可能没有搞清服务费和管理费的区别，我跟您详细解释一下……”

“收取您 30 元的服务费是按照规定来的，《物业管理条例》中有相关规定……您先去物业中心核实一下再交纳费用也是可以的。”

最后，物业服务人员还需再次与业主确认疑惑是否已经消除，以防留下隐患，致使疑惑升级。

李海可以这样说：

“对于服务费和管理费的区别，您还有不理解的地方吗？”

“如果您还有其他问题，请尽管提出来，我一定尽全力帮您解决。”

“耽误您这么长时间，真不好意思，如果您还有其他问题，可以打物业中心的热线电话咨询。”

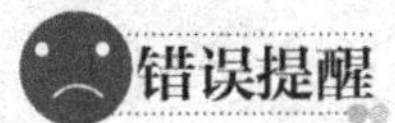

## 错误提醒

### 误区一　答非所问

情况 1：偏离主题，没有直接回答业主的疑惑。

情况 2：东拉西扯，找不到解答的重点。

情况 3：故意忽略业主的尖锐问题。

以上三种情况是物业服务人员在解答业主疑惑时有可能出现的答非所问的情况。遇到脾气暴躁、缺乏耐心的业主，这种做法会使矛盾激化。

### 误区二　缺乏耐心

“你怎么问起来没完了！”

“我不知道你在说什么，请想好了怎么说再来问吧！”

“就这样吧，有问题再说！”

缺乏耐心是物业服务人员的大忌，不管面对何种情况，耐心地解答业主的疑惑都是物业服务人员必须要遵守的原则。

## 情景 14　定期走访，征询意见

### 情景再现

一天，物业服务人员李亮前去拜访业主征询意见。

在一位老年业主的家里，他收到了一条意见："小区内为什么平白无故要弄一个沙池出来？小孩每天在沙池玩沙，回到家把家里弄得到处都是沙子，而且前几天还把沙子揉到了眼睛里，幸亏没出什么大事。如果真出点儿什么事情，你们能负责吗？"

老人坚持认为这个沙池存在诸多安全隐患，要求物业服务中心尽快将沙池搬走或埋掉。

但李亮不这么认为，他觉得老人有点小题大做了，便回应道："大爷，您太小题大做了，就这么点沙子能把孩子怎么样啊？再说了小孩都喜欢玩沙，您孙子不也每天都玩得很开心吗？您陪他玩的时候，多注意点儿不就行了。"

老人一听李亮这么说，很生气地说："你们每次来走访都是走个形式，对我们的意见要么不予理睬，要么坚决否认，有什么意义啊？你们领导在哪儿？把他叫来！"

### 情景分析

老人向物业服务人员提出埋掉沙池的建议，显然已经对沙池的存在极为不满。但物业服务人员李亮却没有体谅该业主的心情，反而在沟通时出现了两大失误：

第一，没有对该业主的意见表现出足够的重视；

第二，他用"您陪他玩的时候，多注意点不就行了"的话语将小孩可能受伤的责任推到了老人身上。

面对李亮轻描淡写、反将一军的态度，老年业主生气也是理所应当。

李亮虽然在走访中成功地获取了一条意见，但却因为沟通不当激化了业主和物业服务中心的矛盾，所以，他走访时采用的沟通方式是十分不可取的。

### 技巧运用

定期走访是物业服务人员的职责之一，但在大多数情况下，走访并没有起到

实质性的作用。因此，物业服务人员在走访时一定要掌握一定的沟通技巧，唯有如此才能在走访过程中获得有价值的信息。

打招呼是物业服务人员走访并征询意见时的第一步。如果要走访的对象是熟悉的业主，最好在称呼前冠上对方的姓氏，如果物业服务人员并不熟悉走访的对象，在沟通时采用一些通用的礼貌用语是很有必要的。

**物业服务人员可以这样说：**

“王先生，您好，很高兴见到您！”

“女士您好，我是物业中心的服务人员，能不能耽误您几分钟？”

当物业服务人员向业主提出征询意见后，一些业主也许并不能在第一时间提出一些有价值的意见，这时就需要物业服务人员积极引导，帮助业主深入思考。

**物业服务人员可以这样说：**

“您对小区的环境、设施设备等有没有不满意的地方？”

“您想想，平时在社区的活动中，有没有什么不方便或者是您感觉有些添堵的地方？”

“咱小区里有面墙一直空着，我们打算做一面文化墙，但是不知道该宣传哪方面的内容，想征询一下您有没有好的建议？”

在获取业主的意见后，物业服务人员应进行详细记录，表明对业主意见的重视，而不能随口应付了事。

**物业服务人员可以这样说：**

“您的意见我记下了，再跟您确认一下……”

“您说的这个的确是个问题，我得好好记下来！”

最后，物业服务人员还需对业主做出一定的反馈保证，并切实履行该保证。只有这样，才能真正赢得业主的认可和信任。

**物业服务人员可以这样说：**

“您看这样可以吗，我将您的意见反映给经理再和您联系好吗？”

“您说的问题我了解了，小区内确实存在这个问题，我们也正在想办法，这个问题很快就会得到解决，请您放心！”

### 误区 例行公事

“有结果我会跟你说的，你等着吧！”

“没有意见吧，那就这样了！”

“帮我签个字吧，证明我来过了！”

“走形式”是一些物业服务人员在走访时经常会表现出的态度，这种做法不仅浪费了自己的时间，更可能会累积业主和物业服务人员之间的矛盾和误会，从而损害物业公司的形象。

## 情景15 组织活动，积极动员

### 情景再现

春秋小区是一个新建的小区，入住的业主大部分都是三十岁左右的年轻夫妻，小区里随处可见坐在婴儿车里的小宝宝或者放学后在楼下活动的孩子们。因此，小区的物业经理李然打算举办一场亲子活动，拉近社区业主之间的距离，增进孩子和父母之间的感情。

为了宣传这次亲子活动，李然制作了一份关于举办亲子活动的海报，并贴在了小区的宣传栏上。但是，两天过去了，报名的业主寥寥无几。

李然很是纳闷，为什么这么好的活动却不受业主们欢迎呢？他随机询问了几位业主，得到了下面的几种回答：

“参加这种活动是浪费时间啊！”

“是不是给某个儿童用品做宣传，让我们买东西啊？”

“我忙都忙不过来了，哪里还有时间参加？”

“我家孩子大了，不适合这个活动了。”

### 情景分析

根据李然随机询问的几个业主的回答，可以得出以下几个导致业主对亲子活

动反响不积极的原因：

1. 业主可能认为该活动只是个形式，不会产生好的效果；
2. 业主可能曲解了物业服务人员举办该活动的意图；
3. 业主可能工作太忙，时间太紧张，抽不出时间参加活动；
4. 业主以自己的孩子太大或太小为托词，实则内心抗拒该活动。

显然，仅仅通过张贴海报的途径宣传亲子活动远远不能达到预期的效果，还需要物业服务人员进行其他形式的积极宣传，这样才能消除业主们心中的顾虑，引导他们参加到社区活动中来。

于是，李然安排了一些物业服务人员上门宣传此次亲子活动。

## 技巧运用

当物业服务人员与业主面对面沟通时，应密切关注业主在言谈中流露出的小细节，并通过这些小细节探知业主的真实想法，从而找到宣传引导的突破口，有针对性地说服他们心甘情愿地参与到活动中来。

**口才指南 1**：

业主："参加这种活动简直是浪费时间，能有什么效果啊？"

物业服务人员："如果您看一下我们的活动安排就不会这么认为了，我们针对不同年龄层的宝宝和不同的体验需求设置了不同的游戏，比如像您家宝宝这样大的，可以参加快乐爬行游戏……"

**口才指南 2**：

业主："是不是给某个儿童用品做宣传，让我们买东西啊？"

物业服务人员："这您就误会我们了。我们是真心实意想要带给孩子们快乐，拉近大家的距离。参加活动不仅完全免费，而且还会有小奖品，到时您可以去现场看看，相信您肯定会被现场氛围所感染的。"

**口才指南 3**：

业主："我忙都忙不过来了，哪里还有时间参加？"

物业服务人员："一看您就是一个事业型的人，但是业务错过了一次还能再谈，要是和孩子之间的感情变淡了，这可就不是金钱能够解决的了。而且活动是在周末举行的，您只要抽出一点点时间给孩子就可以了。"

**口才指南 4**：

业主："我家孩子大了，不适合这个活动了。"

物业服务人员：“参不参加活动没有关系，您带着孩子过来，让他感受一下现场的氛围，认识更多的小伙伴，也能让孩子了解父母养育自己的不易，增加孩子和您之间的感情，您说是不是？”

错误提醒

### 误区　消极动员

“我该说的都说了，爱来不来！”

“我们这都是为你们着想，你们别不领情！”

“你们这样，那我们干脆把活动取消算了，以后再也不办了！”

“活动流程都写得很清楚，自己去看吧，别来问我了。”

以上这些表达方式是物业服务人员在组织活动遇挫时经常出现的消极想法和做法，应当尽量避免。

活动的有效开展需要物业服务人员和业主们的共同努力，如果活动的倡导者——物业服务人员对活动不能起到积极引导的作用，那么业主们不愿积极参加也就不足为怪了。

## 情景16　客情关系，常维常新

### 情景再现

某小区直达地下停车场的电梯坏了，由于配件一直未到，所以电梯一直无法运行。一天，一位女业主开车回来，向值班的物业服务人员张达询问电梯的情况。张达如实给予了回答。女业主很生气，说道：“怎么搞的，都坏五六天了还没修好，楼梯那么黑，我又要拿东西，又要抱孩子，你让我怎么走？”

张达很理解女业主的心情，谁乐意抱着孩子、提着东西走漆黑的楼梯呢。于是，张达耐心地解释了电梯没有修好的原因，告诉她并不是没有人去修，而是配件未到，希望女业主谅解；同时他还向女业主保证，从今天开始到电梯修好之前，值班的物业服务人员都可以帮她拎东西上楼。

女业主听到张达这么说，感到很不好意思，连声道谢。此后，该业主对服务

人员的态度有了很大变化，与物业服务中心的关系也越来越友好。

## 情景分析

张达之所以能使女业主收起即将爆发的坏脾气，并与物业服务中心的服务人员建立起长期友好的关系，主要得益于以下几点。

1. 耐心的服务。面对情绪即将失控的业主，张达耐心地解释了电梯尚未维修的原因，赢得了业主的初步谅解。

2. 以心换心感知业主的难处。张达站在业主的立场考虑业主的处境，深切感受到了她的难处。

3. 及时向业主伸出援手。张达及时向业主伸出了援手，帮助其解决困难，这种做法如同雪中送炭，自然会获得业主的认同。

## 技巧运用

生活中总是有着各种各样的不便，物业服务人员若是能抓住这点，力所能及地向业主提供帮助，便可以与业主建立长期友好的关系。

物业服务人员应站在业主的角度，用心发现业主面对的问题，例如生活中的不便或困难、安全方面的隐患等。

当看到一位老年业主蹒跚地走过结冰的路面时，可以上前询问是否需要帮助。

当看到一位业主的露天阳台上摆放着很多花盆，存在高空坠物危险时，应及时上门对业主进行提醒。

当业主家里有老人突发疾病时，帮助业主呼叫 120 或协助业主将老人送至医院。

物业服务人员在提供帮助时，还需要使用恰当的言辞与业主沟通，以防被业主误解，这是建立长期友好关系的重点所在。

**当发现一位坐在轮椅上的业主正在爬坡并略显吃力时，物业服务人员可以主动上前提供帮助，下面有两种沟通方式，你会选择哪种？**

1. “大妈，我看您腿脚不方便，我推您上去吧！”

2. “大妈，这里的坡比较陡，我推您上去吧！”

解析：第 1 种沟通方式直白地指出了业主的缺陷，存在措辞不当的问题，而第 2 种沟通方式则转移了重点，让业主更加高兴。

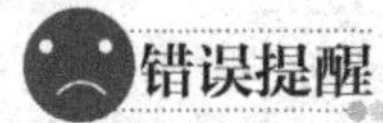

### 误区一　无法坚持

“我就帮你这一次，下次可不要再指望我帮你了啊。”

“不是昨天才帮你修好吗，怎么今天又坏了？你家怎么这么麻烦？”

“我平时很忙的，所以下次不要再找我了，去找其他服务人员吧。”

与业主友好关系的建立需要长时间的磨合，不是一次两次就可以实现的。所以，物业服务人员应具备一定的耐心，将服务业主、帮助业主的工作坚持做下去。

### 误区二　打官腔

“告诉你们，你们要是不听我的，但凡出了事就是大事，你们还别不相信我……现在谁还不同意？”

“发生这样的事，我们是很理解你们的。请你们放心，我们无论如何都会帮你们处理的。在这之前，还请你们自己多保重。”

总“打官腔”，却不办实事，不用多久，就会让业主认清其“真面目”。所以，物业服务人员一定要实实在在，切实为业主排忧解难，让业主真正感受到温暖，唯有如此才能建立物业与业主之间持久的友好关系。

# 第2节　服好务、便好民

## 情景17　服务用语，热情规范

情景再现

便民服务是物业工作中最常见的事项，蓝天物业服务中心郭主任认为，如果

可以做好这项工作，便可以大大缩小与业主之间的心理距离，进而在日渐熟悉的磨合过程中全面提升物业人员的形象。

但是不少物业服务人员在提供日常服务时存在以下两个问题。

★ 没有表现出基本的礼仪和修养，不会使用服务用语。

物业服务人员："你有什么事？"

业主："我来咨询一个问题，看你们物业方面能不能帮我解决。"

物业服务人员："嗯，说吧！"

★ 虽然向业主传达了热情和主动的态度，但是用语太过随意。

物业服务人员："呦，刘老太，您腿脚这么不利索就不要总往外跑了，万一哪天磕着摔着了咋办？我们也担不起这个责任啊。"

业主："小金，你怎么能这么说话呢？"

物业服务人员："别当真啊，我跟您开玩笑呢。"

业主："有你这么开玩笑的吗？啊？"

物业服务人员："刘老太，您也太小心眼了吧……"

## 情景分析

上述两种沟通方式显然都没有体现物业服务人员应该具备的服务意识和专业能力。不会使用服务用语，物业服务人员在沟通中就会显得冷淡和被动，即便帮助业主解决了问题，也无法真正走到业主心里。

而用语太过口语化和随意也不恰当，因为作为服务机构，物业中心更应该要求从业人员讲究礼仪规范，这不仅关系到物业服务人员的个人形象问题，更体现了整个物业工作的品质。

## 技巧运用

其实，在物业服务人员接待业主、提供便民服务的过程中，有一些常用语是可以规范化并固定下来的。具体内容如下图所示。

物业服务人员可以参考上述口才模板进行规范服务用语的练习，并在实际工作中不断完善和改进，逐步培养使用服务用语的良好习惯。

**物业服务用语**

1. 您好业主，请问我能帮您做什么吗？
2. 对不起业主，您提出的问题我暂时不能为您解决，但是我会尽快把情况向公司的领导反映，争取在最短时间内给您一个答复。
3. 真高兴又在这里见到您，为您服务我感到很荣幸。
4. 您先别着急，您可以把详细的情况和我说一下吗？我们会立即采取措施。
5. 对不起，我不了解您说的这个情况。如果需要，我现在就向相关部门询问一下，您方便告知联系方式吗？以便我及时给您答复。
6. 为您服务是我们应该的，您有什么诉求尽管告诉我，也欢迎您多给我们提宝贵意见。

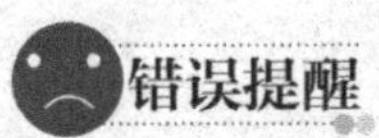

## 错误提醒

### 误区一　认为整天将服务用语挂在嘴边没必要

“我能帮业主解决问题不就得了，为什么一定要用服务用语？”

“天天这样说话感觉太怪了，我不好意思说！”

这些都是物业服务人员在工作中应该杜绝的错误思想。使用服务用语是用一种更严格的标准和更礼貌的规范来要求自己，业主在这个过程中也会得到更愉快的体验。

### 误区二　想说的时候才说

**想说的时候**

“业主您好，请问有什么我可以帮到您的?”

**不想说的时候**

“你有什么事儿?”

对比这两种表达，给人的感觉好坏立见高下。因此，物业服务人员在使用服务用语时不能“三天打鱼两天晒网”，要每时每刻，在每件事中坚持下去。

## 情景 18　求助服务，快速反应

### 情景再现

这天，物业服务人员张志民正忙得不可开交的时候，业主徐大爷急匆匆地走了进来。

徐大爷一脸着急的表情，对张志民说：“我家养了十多年的老猫忽然就口吐白沫躺在地上了，还一点东西都吃不进去。我平时不怎么出门，你能不能帮我联系个兽医来看看啊!”

张志民听完不耐烦地说：“老人家，您没看我现在这里围着一堆人吗？真顾不上你这事儿，解决人的问题总比解决猫的问题重要吧!”

徐大爷一时语塞，又不知道该怎么办，只能一直重复着：“这……这……我……猫……”

张志民见状安抚说：“老人家，您先回去吧。现在这里就我一个人，等我忙完了我一定过去看看。”

徐大爷没有办法，只能先回了家。当张志民忙完所有事情赶到老人家的时候，却发现老猫已经死了。不久，徐大爷因为伤心过度大病了一场，张志民心里十分自责和愧疚。

### 情景分析

张志民之所以会感到自责和愧疚，是因为在接待业主徐大爷的问题上他确实存在失职。

首先，面对徐大爷的求助，他并没有在第一时间做出正确反应，而是认为这个请求并没有其他事情重要，不值得被重视。

其次，即便当时有事务缠身，张志民也可以在最短时间内快速找到替代方案，换一种途径去帮助徐大爷解决问题，但他并没有这样做。

业主之事无小事。就徐大爷来说，这只猫与他相伴度过孤独的晚年生活，显然在其心中占据非常重要的位置。而张志民没有设身处地去感受徐大爷当时的心情，仅凭自己的判断便草率拒绝了其求助。徐大爷在焦急、无奈和伤心之余，必然会对张志民失去信任。这样的教训是物业服务人员都应引以为鉴的。

## 技巧运用

物业服务人员在处理这类问题时，怎样才能做出正确、快速的反应呢？可以按照以下四个步骤进行。

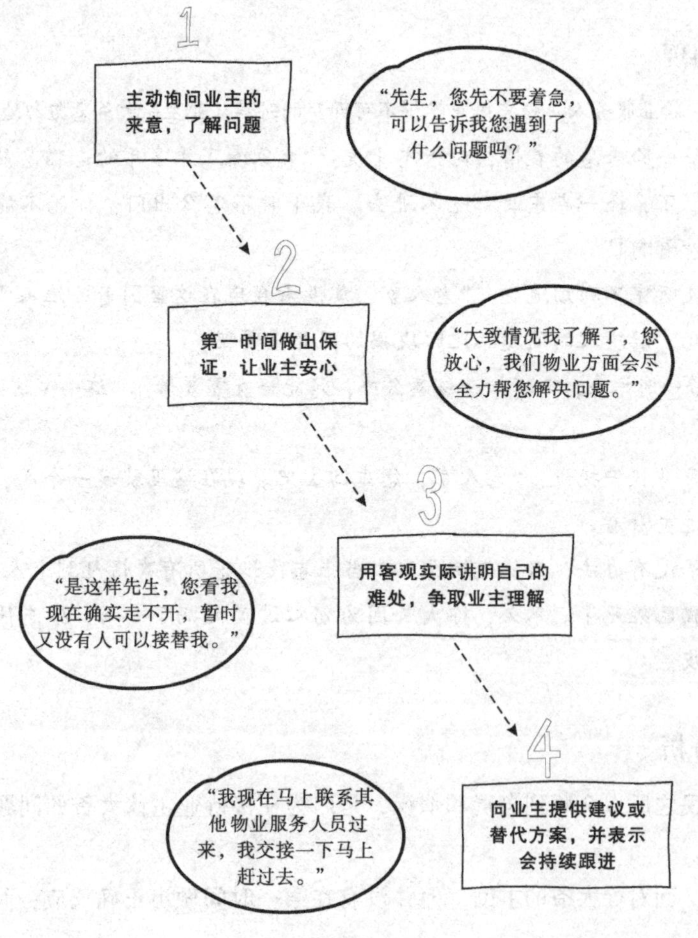

1
主动询问业主的来意，了解问题
“先生，您先不要着急，可以告诉我您遇到了什么问题吗？”
2
第一时间做出保证，让业主安心
“大致情况我了解了，您放心，我们物业方面会尽全力帮您解决问题。”
3
用客观实际讲明自己的难处，争取业主理解
“是这样先生，您看我现在确实走不开，暂时又没有人可以接替我。”
4
向业主提供建议或替代方案，并表示会持续跟进
“我现在马上联系其他物业服务人员过来，我交接一下马上赶过去。”

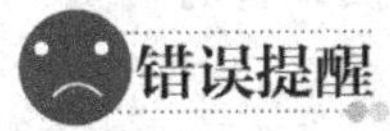

错误提醒

### 误区　时间概念表述模糊

“哦，我知道了，我尽快帮您处理。”

“嗯，大致情况我了解了，等我们处理完手头的工作就帮您处理。”

“好的，您先回去等等，我随后就帮您办。”

“尽快”是多快？“处理完手头的工作”是什么时候？“随后”又是多长时间？这样的回复并不是快速反应，而是在用模糊时间概念的方式拖延业主的事务，这种类似敷衍的回答自然也不会令业主满意。

## 情景 19　上门维修，周到及时

### 情景再现

黄欢是某小区物业服务维修班的一名员工，这天他接到一个来自业主的报修电话。在了解完楼层信息和大致情况后，他便匆匆准备好工具直奔业主家。

业主开门后，黄欢首先礼貌地鞠了一躬，并主动自报家门说：“您好先生，我是物业维修人员小黄，现在赶过来给您解决下水道堵塞的问题。”

业主忙不迭地说：“快进门，快进门。”可黄欢并没有急于进去，而是拿出事先准备好的鞋套，说：“我要先把这个套上，不然会踩脏您家的地板。”业主对黄欢十分欣赏，满意地笑了。

黄欢忙得大汗淋漓，可地面返上来的污水还是不见少。他面露难色对业主说：“对不起，我暂时无法帮您解决这个问题。这个地漏堵得很死，我手头上的吸泵工具无法通开，得租用专门的机器才能通开。但是租借工具是需要费用的。”

业主表示理解，黄欢接着说：“我向您提供一下机器租赁处的联系方式和路线。您可以自行前去租借工具，如果您嫌麻烦也可以由我代为租借。”

业主十分信任地直接将工具租借费给了黄欢，并连连表示感谢。

### 情景分析

黄欢并没有真正解决业主的问题，但是业主为什么没有半点怨言呢？这是因为黄欢在与业主沟通的过程中，每个细节都体现出了物业服务人员该有的素质和礼仪。主要体现在以下五点。

★ 积极主动自报家门，言简意赅，在第一时间打消业主的疑虑。

★ 自觉穿戴鞋套，并向业主说明原委。

★ 在无法解决问题时，客观真实地讲明原因和难处。

★ 完整并周到地向业主提供各种解决问题的途径和信息。

★ 表达自己会持续跟进和随时服务的意愿。

## 技巧运用

上门维修工作具有一定的特殊性，同时，不同业主的性格和处事方式也是各异的。物业服务人员在处理这类问题时，通常会遇到以下三个问题。面对不同的问题要学会运用不同的沟通方式。

### 问题 1：业主存在怀疑心理

室内空间对于每位业主来说都是私密的，上门维修会在某种程度上打扰业主，而业主同时也会对维修人员的能力产生质疑。因此物业服务人员在开场白的话语中要尤其注意，一定要落落大方地介绍自己和说明来意。

“您好，我是物业维修人员，这是我的工牌，您可以先看一下。”

“先生，我会尽力帮您解决问题，请您相信我。”

### 问题 2：业主并不接受建议

有些业主习惯于坚持自己的想法，因此在物业服务人员向其说明原因或提出建议后，这样的业主通常不会采纳并继续固执己见。这个时候“硬碰硬”是不可取的，要学会迂回沟通。

“如果您有更好的办法可以告诉我，我们可以多方面尝试一下。”

“要不这样吧，我把我的同事叫来，您可以再听一下他的想法。”

### 问题 3：业主急于投诉

如果业主对维修过程或结果不满意，通常会选择投诉。这说明业主已经带有怨气并且态度强势。这个时候与其进行沟通要学会借力。

“首先，我对给您带来的不便表示十分抱歉，我会尽快请求领导给您一个满意的答复。”

"先生，我理解您的心情，我可以和您一起去找相关部门解决这个问题。"

### 误区一　只看重技术不看重沟通

"我把问题给你解决了不就得了，用不着那么多废话。"

"说得好不如做得好，我干脆什么都不要说了。"

虽然维修技术很重要，但口才和沟通同样重要。因为语言艺术不仅可以提升服务品质，还能在无法圆满解决问题时为自己留有回旋余地。

### 误区二　探头探脑问三问四

"先生，您家房子真大，您肯定很有钱吧！"

"不常见您回家啊？您是做什么工作的啊？"

物业服务人员上门维修，业主多多少少会有所戒备，如果再这样追问涉及隐私的话题会令业主感到更加厌烦。

## 情景 20　代发信息，务必求真

### 情景再现

这天，物业服务人员朱磊接待了一位来访人员。这位来访人员是小区业主刘女士的租户，刘女士常年不在小区住，而租户近几个月又要被外派出公差，因此希望物业可以代发一下转租信息。

朱磊在了解了这位来访人员的身份和意愿后，解释说："我们物业工作的关键就是为业主做好服务，如果您确实与业主存在承租关系，并且您转租的意愿也得到业主认同的话，我们一定会尽力。但是在这之前，我需要先和业主确认一下。"

说完朱磊打开业主联系册，拨通了刘女士的电话。

朱磊："请问，您是 4 号楼 2 单元 1306 室的业主刘女士吗？"

刘女士："是的。"

朱磊："刘女士您好，我是小区的物业服务人员。冒昧给您打电话是因为有件事需要您确认一下。您目前的房子处于出租状态，且租户是×××吗？”

刘女士：“是的，有什么问题吗？”

朱磊：“是这样，他今天找到物业说想转租房子，希望我们可以代发出租消息。我本着为您负责和安全考虑的角度，需要先与您本人确认一下。”

刘女士：“哦，对，我知道这个事儿，我们也达成了一致意见。谢谢你啊，考虑得很周到。”

朱磊：“好的，既然这样，我最后再和您核对一下房屋的信息，您的户型是南北通透，面积是120平方米对吧？”

刘女士：“是的，没有问题。麻烦你们物业了。”

朱磊：“您客气了，这是我们应该做的！”

## 情景分析

物业服务人员朱磊的沟通十分到位，首先他清晰明了地向租户解释了需要与业主进行确认的原因，接下来在与业主的电话沟通中，他也礼貌周到地求证了信息。他的沟通充分体现了物业服务应全心全意为业主利益着想的理念，同时也避免了物业方陷入业主与租户间不必要的纠纷之中。

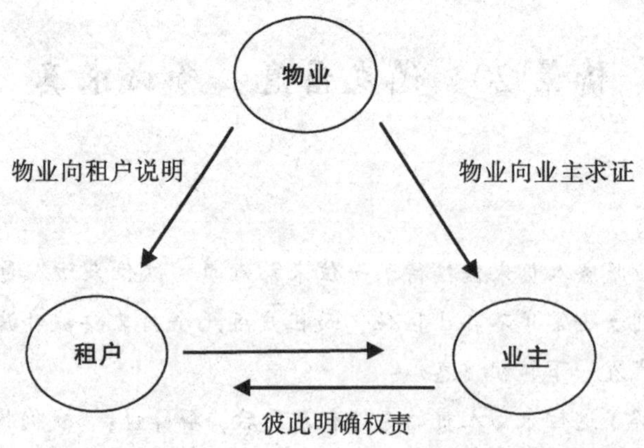


## 技巧运用

代发信息本是一件便民的好事，但如果物业服务人员在沟通中表达不畅的话，便有可能“好心办了坏事”。所以应该在提升口才能力的过程中参考以下四点技巧。

1 求证话要直说

开门见山表达自己想要进行求证的目的，不要绕弯子

2 确认话要明说

条分缕析精确表达需要确认的具体事项，不要有遗漏

3 贴心话要会说

要强调沟通的目的是为了业主的安全和利益着想

4 "丑"话要放前头说

在确认无误后，需要告知业主物业对代发的后果概不担责

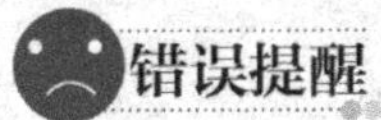

### 误区一　敷衍了事应承业主

"行，我知道了，放在这里吧。"

"好的，有时间就帮您发。"

这样的沟通方式会让业主感受到物业服务人员敷衍了事的态度，另外，在事前不说清楚权责的归属，这也容易为日后物业与业主方面产生纠纷埋下隐患。

### 误区二　强硬表达态度立场

"我们只负责代发，后果我们可不负责啊！"

"我们只负责帮忙，至于别的事儿我们就不管了！"

在代办事项中明确权责归属是很重要的事情，但是物业服务人员不能这样强硬地去表达。没有据理讲明原因，也没有依情告知难处，业主自然不会理解和接受。

## 情景21　开锁服务，严格把关

情景再现

一大早，某小区一位业主便在物业服务中心门口闹了起来。事情的起因竟是来源于一起小小的开锁事件。

原来这名业主早上只顾着赶时间上班，却在慌乱中将钥匙锁在了家中。他无奈只能从网上找了一家开锁公司，希望赶紧拿到自己的钥匙。可是开锁的师傅被物业服务中心的人员挡在了门外。业主便也赶到物业服务中心，于是一场引发争吵的谈话便这样产生了。

业主："为什么不让开锁的师傅进小区啊，这不是耽误我的事情嘛！"

物业服务人员："对不起，这是规定。"

业主："什么破规定，你们物业不给业主解决问题不说，反而还制造问题！"

物业服务人员："不是这样的，进小区开锁的人员需具备我们的审核资质。"

业主："我开我的房子，拿我的钥匙，你们管得着吗？"

物业服务人员："我们并不是多管闲事，而是必须用我们审核通过的具有安全资质的开锁公司。"

业主："我看你们这是绑定'销售'，合起来赚我们钱吧！叫你们领导来！"

物业服务人员："即使我们领导来了，事情该怎么办还是怎么办！"

……

## 情景分析

试想，任何一位业主在心急火燎之际，又遭遇这样一场谈话，都不可能淡然处之。仔细分析上面的对话，可以发现物业服务人员在言谈中是这样一步步激化矛盾的。

★ 业主询问为什么不让开锁师傅进门，物业服务人员没有在第一时间陈述原因，反而用冷冰冰的"规定"二字一口回绝。

★ 业主指出物业方面给自己制造了问题，这是情感上的一种沟通诉求，可是物业服务人员却在这时候讲原因，明显与业主不同步。

★ 业主情绪已经失控，指责物业在多管闲事，而这时物业服务人员没有对其进行安抚，反而再次强调了原因，此时业主自然什么都听不进去。

★ 业主怀疑物业与开锁公司"绑定"，希望找领导解决，这已经表明谈话进入白热化阶段。而物业服务人员的回答则更显强硬，进一步激化了矛盾。

## 技巧运用

其实从工作规定的角度来说，物业服务人员的做法是没错的。但是如果注重一下表达的方式和说话的技巧，就完全可以将大事化小、小事化了。

业主："为什么不让开锁的师傅进小区啊，这不是耽误我的事情嘛！"

物业服务人员："我们也是为了您和所有业主的安全性考虑！您想，一次开锁的事情是小，可是如果您请的开锁公司不正规的话，就有可能埋下盗窃或是治安混乱等隐患。"

**一开始便站在业主的角度讲明原委，先打消业主疑虑。**

物业服务人员："您冷静下来想一想，如果因为一次开锁而让您或是别的业主家里遭受更大的损失，您是不是也觉得不太值得呢？"

**在沟通中继续动之以情晓之以理。**

物业服务人员："但是这个问题也必须赶紧解决，所以我们物业方面进行资质审核后，特别选择了几家信赖度更高的开锁公司。"

**在说服业主后，提供了可以马上解决问题的替代方案。**

物业服务人员："其中一家开锁公司已经在路上了，马上就能帮您解决问题。关于费用问题您可以根据市场价协商，我们物业不参与。"

**再次摆明自己的服务立场，撇清利益关系。**

## 误区　躲避责任临场妥协

"您愿意怎么来就怎么来吧，不过出了事可没我们的责任。"

"既然您这么坚持我也没办法，不过后果自负。"

这样去和业主沟通不仅不能息事宁人，反而会激起业主更大的怨气。如果最终让业主蒙受损失的话，那必会落下口实。

## 情景22　失物招领，核实身份

### 情景再现

物业服务中心为广大业主提供失物招领服务本是件好事，但是如果像沁园小区物业服务人员李一峰这样去沟通的话，只怕会让"一片好心"付诸东流。

某业主："请问你们是不是捡到一个钱包，在寻找失主？"

李一峰："是的。"

某业主："我前一段时间刚丢了一个钱包，你们捡到的钱包可能是我的。"

李一峰："你做什么工作？薪水多少？"

某业主："这和认领钱包有什么关系？"

李一峰："因为钱包里的财物较多，我猜丢失钱包的人应该是一位成功人士。"

某业主："你什么意思？看不起人是吧？再说我挣多少钱凭什么告诉你啊？"

李一峰："这……我只是……"

### 情景分析

其实李一峰也并无恶意，他只是根据自己的经验和常识在做推断，希望可以找到真正遗失钱包的人。但是这样的表达方式无疑是有问题的。

"你做什么工作？薪水多少？"没有任何缘由直接抛出这句话是十分冒失的，无论来访的业主是不是丢失钱包的人，这都涉及了对方的隐私，而且这种强硬的语气也有盘问之嫌。

"你什么意思？看不起人是吧？"从这位业主的回应中可以看出，物业服务人员的"盘问"已经触动了他敏感的神经，"再说我挣多少钱凭什么告诉你啊"这句话便流露出明显的抵触和反抗之意。在这种情况下，谈话想要继续进行下去已经很难了。

### 技巧运用

物业服务人员应该怎样去和业主沟通，才能不和来访的业主产生冲突，并圆

满地解决问题呢？

**1. 需要向来访的业主说明核实的缘由。**

物业服务人员可以这样说：

“先生，是这样的，在让您看到物品之前，我们可能需要先核实几个问题！我知道您丢失了东西肯定十分焦急，我们也是本着对失主负责任的态度来行事的，希望您可以理解！”

**2. 向业主核实时要尽量围绕物品本身，不要掺杂其他隐私问题。**

物业服务人员可以这样说：

“您先别急，可不可以向我们描述一下您遗失了什么物品？它的外观是什么样子的？有没有哪些只有您自己知道的标记或特征？我们会根据您的描述一一核实的！”

**3. 如果业主的描述与物品不符，要及时拿出依据应对，并且进行适当的安抚。**

物业服务人员可以这样说：

“先生，从您的描述来看，我们手里这件物品应该不是您丢失的那件，具体表现在……您可以看下物品的照片。不过您也别着急，我们找到类似的物品会及时与您联系。”

**4. 如果业主的描述与物品相符，要进行善意的提醒。**

物业服务人员可以这样说：

“从您的描述来看，我们手中的物品正好与您所遗失的相吻合。下回您可要多注意啊，不要再遗失了！”

## 误区一　劈头盖脸上来就问

“您是什么时候丢的？怎么丢的？在哪里丢的？”

这样的话语带着责问的语气，并且容易让业主陷入紧张或自责的情绪中。

### 误区二　揪住业主过失不放

“您怎么这么不小心呢？幸亏被我们拣到了，这要是被别人捡走了，您都没地儿哭去！”

这时业主需要的是安慰，而不是物业服务人员的“邀功”与“责难”。

## 情景23　临时借用，提醒归还

### 情景再现

物业服务人员郭海是典型的“好话不会好好说”的那种人，为这个他没少受到主任的点名批评。有时在处理临时借用物品这种小事上，他都会与业主发生一些小摩擦。

**业主第一次来到物业服务处借用物品**

郭海：“请问您需要借用什么东西？”

业主：“我急着出门，想借一个打气筒。”

郭海：“可以。但是我们得提前说清楚了，您知道借了要还这个道理吧？”

业主：“你什么意思啊？怎么这么说话啊？一个破打气筒我还要私吞不成？”

**业主忘了归还借用的物品**

郭海：“先生，您真是贵人多忘事啊！”

业主：“哦，对了，我从你们这儿借的工具忘了还了。”

郭海：“要不是我提醒，您还想不起来吧？”

业主：“我只是忘了，又不是故意不还，你这个同志说话太难听了！”

### 情景分析

从上述两段对话来看，郭海的表达方式确实很难令人接受。每位业主都有基本的自尊意识和道德观念，所以物业服务人员再三告知、再三提醒的话多少会触动他们敏感的神经。

在这种情况下，如果像郭海一样不注意表达的方式和技巧，会很容易激怒业主，甚至引起冲突。

## 技巧运用

想要解决这类问题，就需要在做口才训练时牢记一个核心要点：委婉表达。委婉表达的技巧如下。

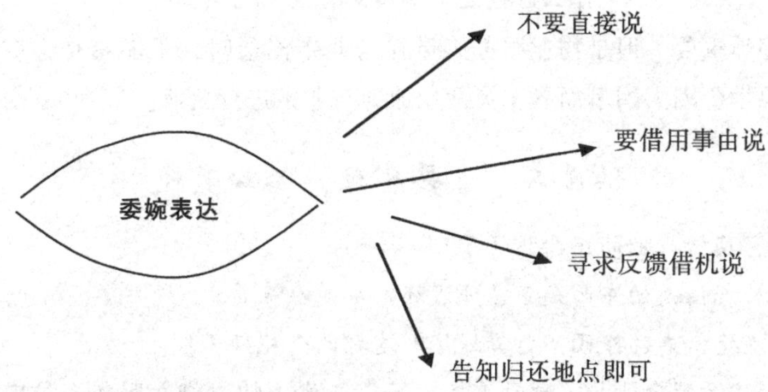


有些业主是第一次来到物业服务中心借用东西，这种情况下物业服务人员应该用主动和热情的态度化解业主的尴尬，并且在提醒归还时切忌太过生硬，只需直接告知归还地点，轻描淡写地一带而过即可。

物业服务人员可以这样说：

“您好，请问可以为您提供什么帮助吗？有什么需要尽管说，我们很乐意为您效劳！”

“请您拿好工具！用完后您直接归还给物资处就行了！”

有时，业主已经借用了物品，却因为一些个人原因迟迟没有归还。在这种情况下，物业服务人员不能生硬提醒甚至是“兴师问罪”，而要将提醒的用意融入一些业主更容易接受的语句中去。

物业服务人员可以这样说：

“先生，您上次借用的工具用起来怎么样？我们希望得到您的反馈。”

“您好，最近有其他业主向我们借用工具，您如果已经用完了，我到您那里去取吧，也免得您再跑一趟了。”

**错误提醒**

### 误区一　只会拿规定说事儿

“怎么借、怎么还、什么时候还都有规定，您自己看看吧。”

规定固然重要，但是物业服务人员在与业主沟通时，不能总是去讲那些生硬的条款。要学会因人因事而异，灵活变通地与业主进行交流。

### 误区二　直接生硬，不知变通

“先生，您借我们的东西该还了！”

“先生，您借走的东西是不是还没还？很多人等着用呢！”

“先生，您借走的东西不打算还了？这都两个礼拜了！”

这些表达无疑会让业主感到尴尬，甚至心生不快。物业服务人员应该学会委婉地表达自己的想法和意愿，将话说得更动听、更艺术。这样不仅可以增进与业主的感情，而且也体现了自己的专业素养。

## 情景 24　有偿服务，提前告知

**情景再现**

某小区业主因为家中管道堵塞，借用了物业服务处的疏通机器。问题解决后，这位业主亲自将疏通机器送还物业服务处，并且向那天为他办理借用手续的员工姜楠表示感谢。

可是归还机器之后，姜楠却说：“先生，您借用这个机器不是免费的，需要交纳 200 元的费用。”

业主觉得十分突然，并且在价格方面也不太认可。他脸色有些阴沉地说：“这就是你的不对了，我不是想要故意占你们的便宜，但是那天我借用的时候你怎么没有提到这个事呢？你早告诉我价格，我可以按照我心里的预期选择用还是不用啊！再说这也太贵了，远远超出市场价嘛！我现在用完了，你才和我说这些，这不是骗钱嘛！”

姜楠十分无奈说："我那天看您那么着急，想着您也是急用，就先没说交费的事情，本打算等您用完了再说的……"

姜楠的话还没说完，就被愤怒的业主打断了，"你这是什么话？既然你们这里是公事公办，那就应该把所有条件都说在前头啊！不行，我必须要找你们领导确认一下，你现在忽然跟我说要钱，不会是有什么猫腻，想私自赚一笔吧？"

姜楠一听这话也怒了，提高音量对业主嚷嚷道："先生你这说话也太难听了，我原是好心为你考虑，哪成想你却好心当成驴肝肺！算我倒霉，碰到你这种糊涂人！"

业主自然也有自己的一堆道理，于是一场争吵就这样开始了……

## 情景分析

物业服务人员姜楠受到业主的这种诘问，可能是有些无辜，但归根结底是因为他没有圆满地处理好这个问题，并在业主"逼问"的过程中丧失了理智。

首先姜楠犯的最大错误便是没有提前告知业主借用机器属于有偿服务。虽然业主的话语有些偏激，但却不无道理。对于有偿服务来说，在决定是否使用之前，业主当然有知情权。

而姜楠却在业主已经使用完毕且没有任何心理准备的情况下告知价格，这多少都会引起对方的不快。因为无论价格是否合理，这个时候都不是谈价格的好时机。

面对情绪失控的业主，姜楠犯的另一个错误便是没有很好地控制自己并安抚业主的情绪，反而"转守为攻"，出言不逊，这自然会让业主更加难以接受。

## 技巧运用

有偿服务一定要提前明确告知业主，但是在什么时间说好呢？怎样说才更好？具体可参考以下几种情况。

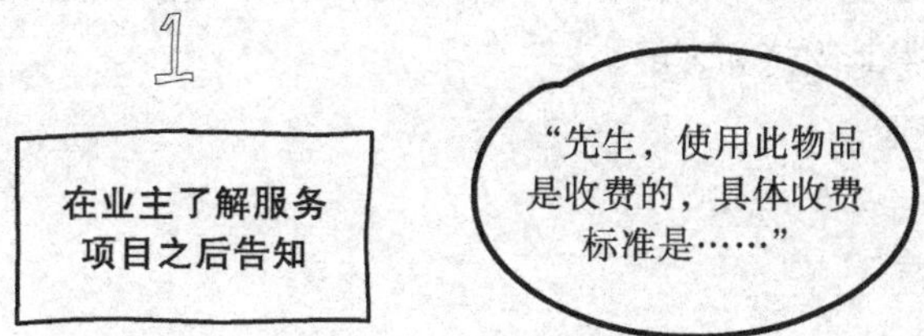

1
在业主了解服务项目之后告知
"先生，使用此物品是收费的，具体收费标准是……"


先让业主了解完服务项目，业主自会在心里做出判断。此时再告知价格，业

主便可以进行斟酌和选择。这是一个让业主逐步知情的过程。

2

在业主主动询问价格之后告知

“既然您问到这个问题了，那我就正好说一下，费用是120元。”

业主可能会问这样的问题：这项服务是否收费？如果收费的话收多少钱？此时物业服务人员只需要干脆利落告知业主即可，不需抱有太多的心理顾虑。

3

在业主做了决定但没有询价的时候告知

“您确定需要上门服务是吧？我需要提醒您一下，这个是要收费的。”

有时，业主可能认为物业提供的某项服务是免费的。这是物业服务人员告知其属于有偿服务的最后机会，一定要及时抓住。

### 误区　过早提钱伤感情

“还没解决问题呢，我就提费用的事儿，多招人烦啊。”

“我和这位业主平时关系不错，不好意思张嘴啊。”

“哎，等事情处理完了我再提钱的事儿吧。”

物业服务人员大可不必有以上这些心理顾虑，因为工作中哪怕再小的问题也要公事公办，这是基本的职业操守。不卑不亢、落落大方地提前告知业主相关事项，自然也会获得其支持和理解。

# Chapter 3

# 第 3 章

## 解答问题要耐心

- 莫急辩解，先表感谢
- 回答问题，不厌其烦
- 做出承诺，消除不满
- 合理建议，予以肯定
- 动之以情，赢得理解
- 有则动之，无则加勉

**物业服务人员工作日志**

★业主对电梯故障提出了异议，我只是简单解释了一句，他们就说我狡辩，说我完全不为他们的安全考虑，我简直比窦娥还冤……

★业主对停车位问题表现出不满，我一时心急向他们承诺周五之前一定会解决，可是今天已经周四，停车位的相关问题依然存在，我该怎么办……

★业主对房屋装修时间管理规定提出了异议，我该怎么劝说他们接受呢……

# 第 1 节　业主问题

## 情景 25　发现隐患，及时防范

### 情景再现

物业服务人员李东在小区还在施工时就发现一个安全隐患，他多次向开发商提出，小区的道路上管井太多太密，如果以后井盖与井箍密贴不严的话，很有可能会给小区的业主带来不便甚至危险。但是他的建议并没有引起开发商的重视。

业主们陆续验收入住后，李东仍然放心不下这个问题，但是该怎么告诉业主加强防范又不至于弄得人心惶惶呢？

**“小区管井很多，有一定的危险性，业主们要小心啊。”**

李东马上否定了这个说法，业主们一听这话肯定要说：“你们物业早干吗去了，现在交房了才说这些。”而且直接抛出“危险”二字，任谁也接受不了吧。

**“业主们，请多注意小区内的管井。”**

李东觉得这样说也很不妥，直接抛给业主这样一句话，会让他们一头雾水，根本不知道自己想表达什么。

干脆不说呢？李东也觉得不行，真的等到业主出了事再去告诉他们加强防范已经晚了，自己肯定会十分内疚。到底该怎么办呢？李东犯难了……

### 情景分析

李东全心全意为业主着想的精神值得赞扬和肯定，但是他苦于找不到一种合理的表达方式去和业主沟通。因为这里有以下两个难点。

#### 1. 隐患

李东所担心的事情还没有发生，也还没有引起业主足够的重视。所以在告知业主存在的隐患时最重要的便是要稳住对方的情绪。

## 2. 防范

如何防范？在防范的过程中，物业和业主双方都需要做些什么？李东又需要向业主传达什么信息？这些问题都需要表达得完善且清晰。

## 技巧运用

物业服务人员在解决这类问题时，需要从提醒某种现象的角度开头，逐步将业主带入一种情景中，然后再进行沟通。

在沟通的过程中，要遵循面对事实→阐述原因→指出后果→分析如何做的谈话步骤，同时还要注意表达技巧，力求将话说得更圆满。

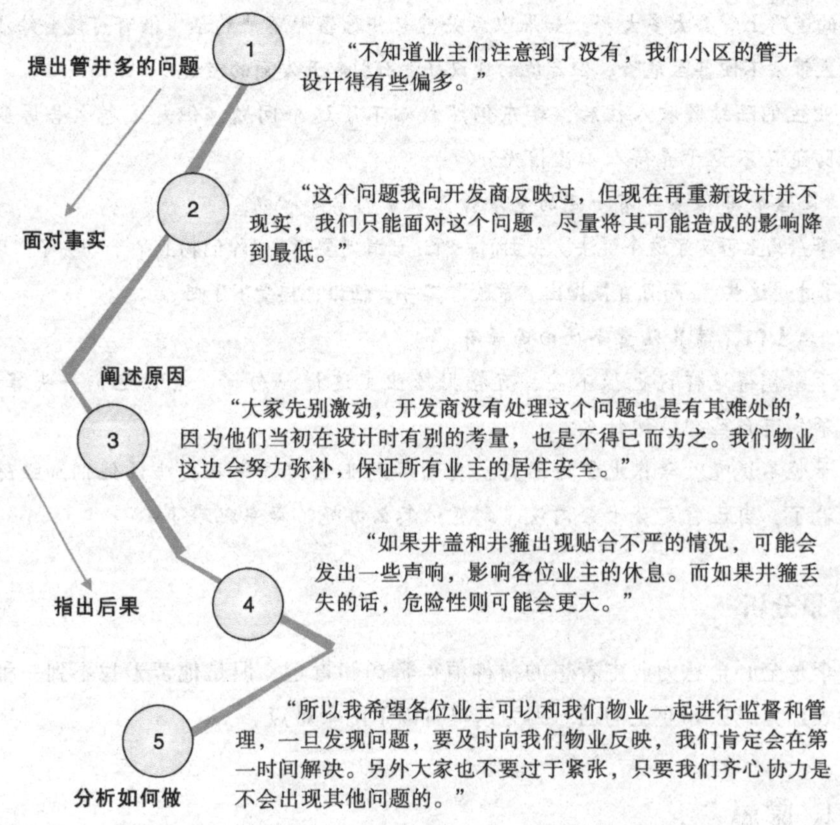

提出管井多的问题
1
"不知道业主们注意到了没有，我们小区的管井设计得有些偏多。"
2
面对事实
"这个问题我向开发商反映过，但现在再重新设计并不现实，我们只能面对这个问题，尽量将其可能造成的影响降到最低。"
阐述原因
3
"大家先别激动，开发商没有处理这个问题也是有其难处的，因为他们当初在设计时有别的考量，也是不得已而为之。我们物业这边会努力弥补，保证所有业主的居住安全。"
"如果井盖和井箍出现贴合不严的情况，可能会发出一些声响，影响各位业主的休息。而如果井箍丢失的话，危险性则可能会更大。"
指出后果
4
"所以我希望各位业主可以和我们物业一起进行监督和管理，一旦发现问题，要及时向我们物业反映，我们肯定会在第一时间解决。另外大家也不要过于紧张，只要我们齐心协力是不会出现其他问题的。"
5
分析如何做

### 误区一　危言耸听

“可不要小看它，××小区就因为这个问题出过大事儿。”

“现在因掉入管井而丧命的事儿还少吗?”

物业服务人员提醒业主重视隐患并没有错，但是不能借用这种危言耸听的方式。因为这很容易引起业主的恐慌，进而产生负面的情绪，不利于沟通的继续进行。

### 误区二　没有凸显自己的职责

“我该说的都说了，具体怎么做就看你们了!”

“你们一定要注意啊，这是对自己负责的大事儿!”

这种表达也要极力避免，因为业主希望物业可以提供强有力的支援，消除隐患，防患于未然。物业服务人员应明确表达自身在管理方面的信心和决心，给业主吃颗“定心丸”。

## 情景26　沟通问题，力求客观

### 情景再现

千秋家园的开发商决定提高地下车库的车位租金，并委托物业方面推行落实。虽然涨幅并不是很高，但是大部分业主对此事的抵触情绪很大。他们拒绝继续交纳车位费用，但是仍然在使用原来的车位。

物业方面决定通过颁发统一的停车证，并安排保安在地下车库门口进行核查的方式对车位进行管理。此通知刚刚公布，便在业主中间引起了一场轩然大波。

这天，物业服务人员黄波刚一上班便被一群业主团团围住，他们情绪都很激动，说：“咱们小区的车库收费一直是比较高的，现在为什么又要涨价？而且还是用这么强硬的方式，这不是逼着我们交钱嘛！你今天必须得给我们一个说法!”

黄波刚上岗没两天，还没见过这种阵势，面对“重重围攻”和“层层逼问”，他有点不知所措了，语无伦次地说："这……你们可不可以冷静一下……这不关我的事儿……你们别这样……"

业主们见他这个样子，更是群情激奋，接着说："这不是明摆着心虚吗？你到底行不行啊，能不能找个明白人和我们解释一下……"

一时间物业服务中心变得十分混乱，黄波的同事和领导都来解围，用了一上午的时间才暂时将业主们的情绪安抚下来。

## 情景分析

之所以会出现这种"剑拔弩张"的情况，是因为黄波与业主的沟通是十分失败的。黄波在慌乱状态中的表达不仅没有起到解决任何问题的作用，反而让业主与物业之间的矛盾进一步激化。

"这……你们可不可以冷静一下……这不关我的事儿……你们别这样……"这句话存在以下问题。

★ 支支吾吾地开口，却没有传达出任何有用的信息，在最开始便表露了自己的紧张和胆怯。

★ 只是一味乞求业主冷静，却并没有告诉业主为什么要冷静。

★ 简单一句"不关我的事儿"有推卸责任的嫌疑，并且容易引起业主的猜疑。

★ 让业主"不要这样"，却并没有进一步告诉业主应该怎样、为什么应该那样。

## 技巧运用

物业服务人员在处理某些群体事件时，需要拥有强大的心理素质。这样才能做到处事不慌、临危不乱。这种强大的心理素质是建立在拥有卓越的口才这个基础之上的。

想要做到客观地与业主沟通问题，并且最终让对方信服，可以参考以下几个方法。

### 1. 找到业主群体中的关键人物，并重点突破。

碰到业主群体问询和投诉的情况，不能"东一榔头西一棒子"。所谓众口难调，对每个人都回复的结果无异于没有回复任何人。所以需要找准业主群体中的关键人物，然后借用其力量达到解决问题的目的。

**物业服务人员可以这样说：**

“业主们，现在大家都在各自发表自己的观点，我很难在最短的时间内一一给所有人满意的答复。要不这样吧，你们推选出一个代表，这样我也可以更快地汇总大家的意见，更好地帮你们解决问题！”

## 2. 从客观和中立的角度出发进行解释，理由要充足。

**物业服务人员可以这样说：**

“是这样的，现行的收费标准是开发商经过成本核算之后制定的，我们物业方面也只是遵照执行，无权变动！具体上调的幅度我们会督促开发商尽快出示方案，保证每位业主交的都是合理和放心的费用。”

“至于物业出台新的车库管理方案，并不只是为了催促大家续交车位费，而是为了创建更安全的小区环境，希望这点可以得到大家的理解。”

## 3. 最后将表达的核心回归到解决问题上来。

**物业服务人员可以这样说：**

“我理解大家并不是不想交费，而是想要明白交费、快乐交费。所以解释清楚原因之后，大家也可以建言献策，我们可以商议出一个科学合理的方案去向开发商沟通，你们看这样可以吗？”

相信物业服务人员说到此处，业主们的情绪多半已经平息，回到理智解决问题的轨道上来，并且也会更加客观地看待物业的工作，理解物业服务人员。

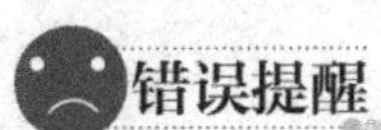


### 误区　生硬一口价，对话“一刀切”

“就是这么定的，每月涨 200 元。”

“和我们闹也没用，如果不同意，你们可以自己去找开发商。”

物业服务人员在处理较为棘手的问题时，最忌讳带着这种主观的判断和情绪去沟通。试想如果自己是业主，听到上述话语自然也会心生不快。

## 情景 27　突发事件，临危不乱

### 情景再现

叮铃铃铃，物业服务处的电话响了。物业员工刘莎刚接起电话，那头便传来了焦急和无助的声音。“是物业吗？我是5号楼的业主，电梯运行到一半便不动了，我出也出不去，你们快来看看吧！而且我现在感觉呼吸有点儿困难……”

刘莎马上应答：“您不要怕，我们马上想办法解救您。您先把具体的楼层、方位和电梯的编号告诉我。”

在记录下所有信息后，刘莎深吸了一口气定了定神，马上就拨通了消防中心的电话，告知了小区电梯困人的情况，并且协调了几个保安员陪同消防人员去解救业主。

在安排好救援后，刘莎又调动了监控中心的员工，让他们随时观察被困业主的最新动态。这个时候刘莎通过电梯应急电话与业主取得了联系，说：“您好，我是您刚才联系的物业服务人员。您别慌，现在消防人员和保安都已经赶过去了，我现在可以通过监控看到您的情况。所以放心吧，您现在有双重保障，不会有任何危险。现在您需要做的就是放轻松等待我们的救援。”业主点点头表示感谢。

在挂掉电话之后，刘莎又想到业主刚才说呼吸有些困难，于是她果断联系了一位社区医院的大夫在电梯外“严阵以待”，准备为业主检查身体。

在刘莎冷静和周到的安排下，业主很快便从电梯里脱险了。业主连连对刘莎表示感激，并且事后亲自将一面锦旗送到了物业服务中心。

### 情景分析

对待这种无准备、难预防的突发事件，物业服务人员要能够临危不乱、冷静应对。

这个过程中，沟通口才体现在很多方面：如何最大限度地安抚业主，如何与消防人员沟通，如何与负责安保和监控的同事沟通，如何与前来支援的社区医生沟通等，这些都需要物业服务人员在处理的过程中权衡和协调。

## 技巧运用

### 如何最大限度地安抚业主

在接到电话后，便需要第一时间安抚对方的情绪，表达自己解决问题的决心。

在救援的过程中，也要记得与业主保持联系，让其知道救援的进展情况。

### 如何与消防人员沟通

与消防人员进行沟通时需要注意三点内容：完整、无遗漏地传达所有信息，表达急切之意，向对方的辛苦工作表示感谢。

“您好，是消防人员吗？我是××小区的物业服务人员。我们有一位业主被困在5号楼××层，具体方位是……电梯编号为……这位业主现在已感到身体不适，麻烦你们速速赶到，辛苦了！”

### 如何与物业负责安保和监控的同事沟通

如果恰巧碰到同事们处于忙碌状态，需要向他们提醒事件的紧急性，进而让同事可以全力配合自己的工作。

“小王，现在有位业主被困在了电梯内，并且已经出现呼吸困难的情况，我已经联系了消防的人过来，你也一起帮助支援一下吧。毕竟咱们对小区的情况更了解。麻烦你以最快速度赶过去，辛苦了！”

“李师傅，麻烦您看一下5号楼的监控情况，有位业主被困在电梯里面了。如果发现什么异常要及时和我说一声，我好随时安排！”

### 如何与前来支援的社区医生沟通

“您好，是社区医院李大夫吗？我是小区物业员工小刘，现在有一个紧急情况，一位业主被困在电梯内并出现了呼吸困难的情况，您能不能前来做下急救处理呢？”

## 错误提醒

### 误区 向业主传达负面情绪和信息

“啊？怎么会这样？太可怕了……”

“医务人员堵在路上了，您先别着急。”

业主身处这种处境中本已慌乱，如果这个时候物业服务人员再“添油加醋”的话，无疑会使业主更为恐慌。

## 情景28　业主失窃，分忧担责

### 情景再现

这天，一位神情焦急的女士来到了物业服务人员林安所在的物业服务中心。她来不及坐下便道明了原委。

原来这位女士在这个写字楼上班，刚刚在一楼大堂办事时随手将手提包放在了旁边，等办完事竟发现手提包不翼而飞了。手提包里不仅有一些刚取的现金，还有公司的钥匙和各类证件。

林安听了事情的经过后马上说：“别担心女士，我们物业设有监控录像，大堂里的一举一动都可以看到，所以一定可以帮您还原当时的真相。”

但是由于摄像头的位置和角度的限制，在监控录像中，林安和女士只是看到了事发时段嫌疑人的侧影。这位女士又着急了：“证据确凿了，你们一定得给我个说法啊!”

林安说：“是这样的，这位女士，我们物业方没有执法权，再说咱们的重点就是为了找回手提包不是吗?”

这位女士微微点头，倒也认同林安的话，“可是怎样找回呢?”林安紧接着说：“我们物业方可以为您在大堂张贴告示，说明已经调出了当时的监控记录，嫌疑人知道自己的处境会有反应的!”

翌日，这位女士高兴地来到服务中心报喜，她告诉林安手提包被悄悄送回来了，并夸赞他的处理方式真是太巧妙啦!

### 情景分析

从上述案例来看，林安运用卓越的口才能力逐步说服这位女士接受自己的观点和建议，最终帮助她成功找回了手提包。

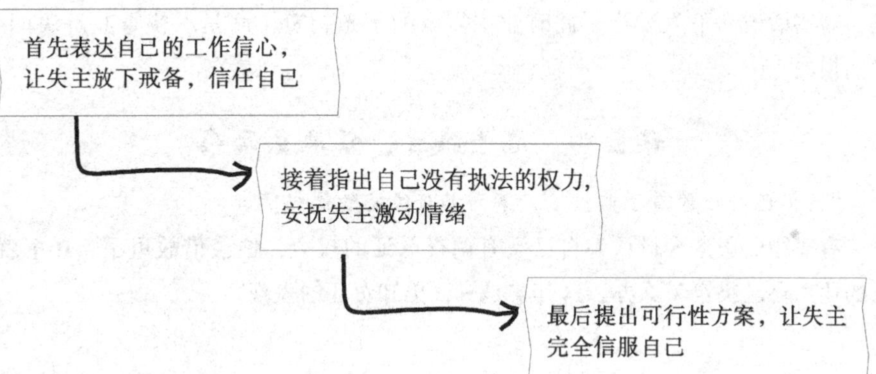

首先表达自己的工作信心，
让失主放下戒备，信任自己
接着指出自己没有执法的权力，
安抚失主激动情绪
最后提出可行性方案，让失主
完全信服自己


## 技巧运用

以上三个步骤也是物业服务人员逐步深入实际、为业主排忧解难的过程。每个步骤中都有技巧可循。具体可参考下图。

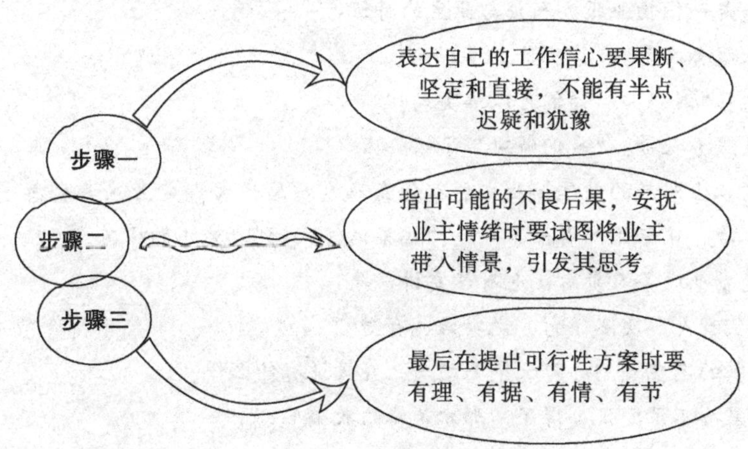


坚定和直接，不能有半点
迟疑和犹豫

指出可能的不良后果，安抚
业主情绪时要试图将业主
带入情景，引发其思考

有理、有据、有情、有节

## 错误提醒

### 误区一　指责业主疏忽，戳其痛处

“哎呀，您也太不小心了。”

“肯定损失不小吧，太可惜了。怎么不多注意着点呢？”

第一句话会使业主的心情“雪上加霜”，而第二句话则会让业主更加难受和内疚，这些话语都不太妥当。此时业主需要的不是指责，而是尽快帮其解决问题、挽回损失。

### 误区二　甩手推责，让业主两难

“我们已经让你看了监控了，下面怎么做就随你吧！”

有些物业服务人员认为自己没有调查取证的权力，便会借故甩手，让本就焦急的业主自己决定怎么办，这其实是一种推卸责任的表现。

## 情景29　超出职责，替代方案

### 情景再现

以下是一段物业服务人员与业主的对话：

物业服务人员：“你有什么事？”

业主：“我想……你们可以解决吗？”

物业服务人员：“我们解决不了！”

听了以上对话的结尾，业主会有什么感觉？恐怕大部分业主都会感受到一种生硬的冰冷，从话语中嗅出了一股“端茶送客”、到此为止的味道。

但是物业服务人员对此也有话要讲：

“我们就是解决不了啊，说实话也有错？”

“这真的不在我们的职责范围之内，直接说有什么错？”

“如果办不了还说办得了，那才是真的欺骗吧？”

听了这些“心里话”，大家会有什么感想？是这么个道理啊！确实，物业服务人员也没做错什么吧……

那业主同样有话要说：

“知道他们这样说没错，但就是心里不舒服。”

那到底谁对谁错？怎样说才能让业主听得舒服呢？

### 情景分析

其实，谁都没有错，问题在于物业服务人员的表达方式不够妥当。在上述对

话中，“我们解决不了”一句属于“上堆”的表达方式。

何为“上堆”？就是概括性的语言模式，这种语言模式大多比较直接和绝对，且让对方很难接话，因此这样的话会使沟通不能顺畅地进行下去。

物业服务人员想要提升沟通能力，就不能仅仅满足于如实、简单地回答问题，而是要在沟通的艺术性上多下功夫。

## 技巧运用

综上所述不难看出，“上堆”的语言模式会在物业服务人员与业主之间筑起一道屏障，拉大双方之间的心理距离，让业主心生不快和戒备。

所以在交谈过程中，物业服务人员应该更多地使用“下切”的语言模式。

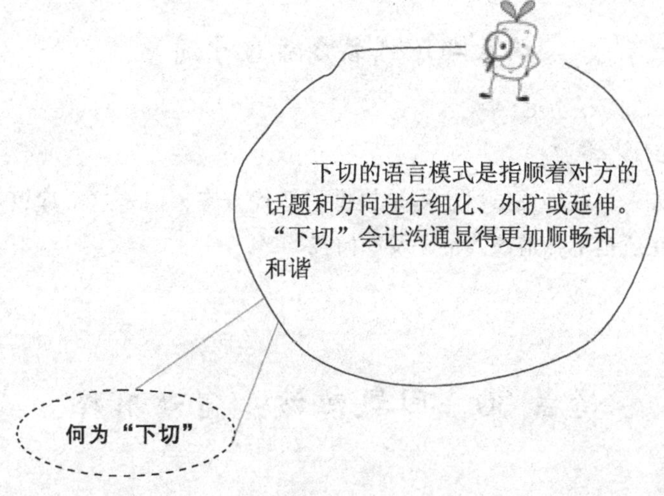

下切的语言模式是指顺着对方的话题和方向进行细化、外扩或延伸。“下切”会让沟通显得更加顺畅和和谐
何为“下切”

物业服务人员在面对超出自己职责范围的问题时，如何使用“下切”的语言模式呢？提出替代方案，尽可能帮助业主分忧解难便是一种有效的沟通技巧。

可以参考如下对话：

物业服务人员：“你有什么事？”

业主：“我想……你们可以解决吗？”

物业服务人员：“不好意思先生，您提出的这个问题不在我们的职责范围之内，我们可能帮不上您。但是我觉得您可以试着联系××部门再询问一下，我把他们的联系方式给您吧！”

虽然物业服务人员还是没能帮助业主解决实质性的问题，但是业主听到这样的回答会觉得很舒服和暖心。

这便是运用了“下切”的语言模式，将超出职责范围的事务进行了适当的解释和外扩，这样沟通起来便不会显得那样生硬和无情了。

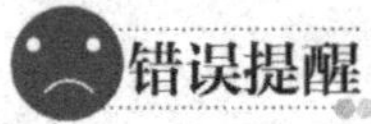

### 误区一　生硬拒绝语带攻击

“这事儿你干嘛找我们啊，怎么连这么点常识都没有呢。”

“该找谁找谁去吧，这个我们管不着。”

物业服务人员本就没有帮助业主解决问题，如果再这样恶语相向的话，势必会引起业主极大的愤怒和不满。

### 误区二　代替方案过于简单

“这事儿你找××去吧！”

“这事儿归××管。”

物业服务人员这样说虽然也算是提供了替代方案，但是这个建议过于简单敷衍，业主听完还是不知道该找谁以及如何找。

## 情景30　问题回访，有始有终

**情景再现**

物业服务人员刘德宁翻开了自己的工作记录，上面记着一个星期前，6号楼的一位业主曾经向他反映楼上的住户太闹了，严重影响了他的休息，而刘德宁也立即进行了调解和处理。他决定今天再次上门拜访这位业主，了解一下最新的情况。

业主听到敲门声打开门后，有点狐疑地望着刘德宁，有些犹豫要不要请他进门。刘德宁马上意识到这位老年业主估计是有点忘记自己了，连忙自报家门说：“阿姨您好，我是一个星期前帮您处理问题的物业员工小刘，您想起来了吧？”

老太太一听才反应过来，连忙说：“快请进。”刘德宁礼貌地拒绝了，说：“不用了阿姨，我也占用不了您太多时间，就不进去打扰了。我这次来就是想做个回

访，想问问您最近休息得怎么样，楼上邻居最近没有再制造噪声了吧。”

老太太听了，笑容满面地说：“谢谢你小伙子，还惦记着我这小事儿呢。自从你上次给我们调解之后，楼上的邻居安静了不少，我最近睡眠特别好。小伙子你真是会说话，我和楼上的邻居也没有产生什么不快和矛盾，现在楼道和电梯里碰上还聊一会儿呢，也算是‘不打不相识’吧，哈哈!”

刘德宁看到老太太这么高兴，心里松了一口气说：“太好了阿姨，这样我们就放心了。以后您再有什么问题可以随时到我们物业服务中心寻求帮助。觉得我们哪里做得不够好也及时给我们指出来，对我们的工作有什么期望也要直接告诉我们，我们都会尽力改正和完善的。”

老太太忙不迭地说：“我很满意，很满意……”

## 情景分析

做服务工作有始有终很重要，体现在沟通中最明显的便是寻求反馈。无论当初业主是由于什么原因找到物业请求支援，也无论物业最终有没有将问题解决，服务人员都应该针对问题进行回访。回访的内容大致涉及以下五个方面。

★ 诚恳细致地了解问题的最终结果。

★ 诚恳细致地了解问题的后续进展。

★ 诚恳细致地了解问题的最新动态。

★ 诚恳细致地了解业主对物业工作的评价。

★ 诚恳细致地了解业主对物业未来工作的期望。

这样做会让业主一方面体会到被重视和尊重的感觉，另一方面又可以认识到物业服务工作的细致和专业。这对物业服务人员未来工作的开展和形象的提升都大有裨益。

## 技巧运用

沟通涉及双方的互动，在任何一方表达之后都自然会得到来自对方的评价和反馈。这是一个信息的闭环。

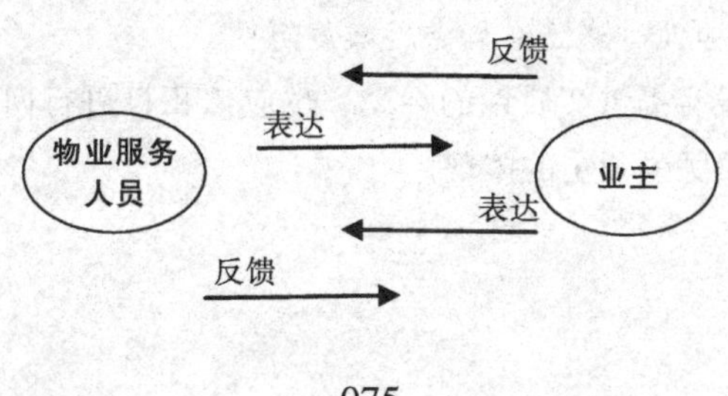

进行问题回访便是完成反馈的过程，这样才算最终完成了沟通的闭环。在进行回访时有以下三点注意事项，如下图所示。

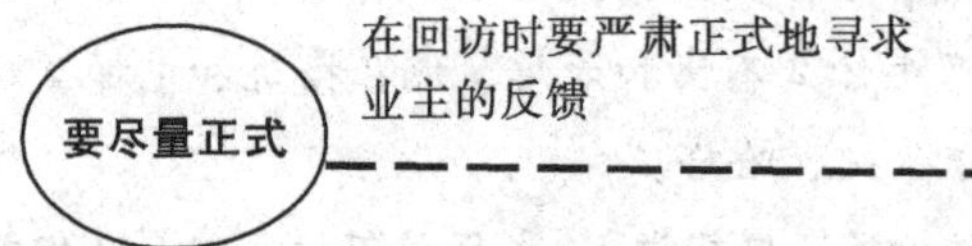
要尽量正式
在回访时要严肃正式地寻求业主的反馈

避免自夸

不要过多地向业主“报功劳”或“报苦劳”

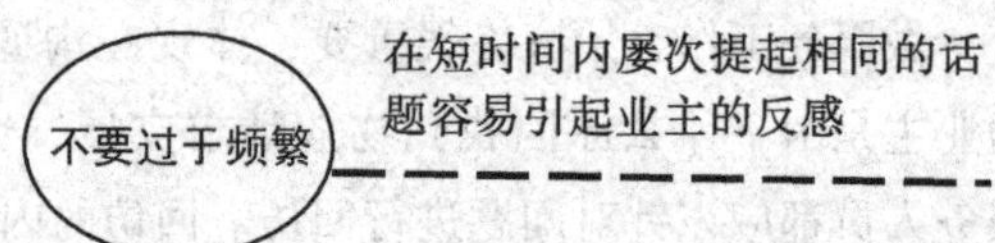
不要过于频繁
在短时间内屡次提起相同的话题容易引起业主的反感

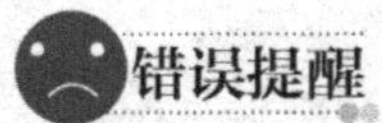
错误提醒

### 误区一　太过随意引起话题

“先生，上次那事儿怎么样了？”

“大爷，最近怎么样啊？”

这样过于随意的提问可能会令业主摸不着头脑，在这种情况下，业主或者对回访不够重视，或者会对这种提问产生抵触和反感。

### 误区二　没有帮助解决问题也要回访

“我都没有帮上忙，还和我有什么关系啊！”

“又不是我做的事儿，我怎么好意思回访啊！”

即便物业方面没有提供实质性的帮助，也应该积极进行回访。这是一种负责任的态度，也是持续关爱业主的体现。

# 第2节 业主异议

## 情景31 莫急辩解，先表感谢

### 情景再现

一天，丽泽小区三号楼5单元几位业主气冲冲地来到物业办公室，一进门就对物业服务人员丁浩抱怨道："三号楼的电梯是不是有问题？一到底层就会有特别大的异常响声。已经连续好几天了，之前已经跟你们的保安反映过，但为什么还是没有人来修？"

丁浩见业主们火气这么大，忙打电话叫经理。业主们看丁浩不理睬他们，情绪更加激动，"你说你们每天都干什么？啊？每天有那么多人乘电梯，万一出现什么问题，你们负得了这个责任吗？""就是啊，因为怕出问题，我们每天都爬楼梯，17层啊，你每天爬爬试试？"

经理接到电话立即赶来。他用手示意业主们安静下来，然后说道："我们已经把问题反映给了公司领导，公司领导还没有做出批复，你们先不要着急，等我们接到批复，立即派人去修！"

业主们听完顿时炸了锅，"什么？这么紧急的事，还要等公司领导的批复？""这是拿我们的命不当一回事啊！"有气不过的业主甚至冲到物业服务人员面前，挥着手臂表示不满，现场局面愈发不可控制！

### 情景分析

业主们提出"抗议"的关键点在于：他们多次所反映的紧急安全问题未得到物业服务人员的重视和解决。由此可见，他们情绪激动、不停抱怨是情有可原的。

物业服务人员面对情绪几乎失控的业主们，不仅没有及时进行安抚，而且还以"公司没有做出批复，因此无法立即派人去修"为由进行辩解，这无疑进一步刺激了业主们的不满意情绪，致使场面失控。丽泽小区物业服务人员此次针对异议的处理方式十分欠妥。

## 技巧运用

当情绪激动的业主们提出强烈异议时，物业服务人员立即要做的不是为自己辩解或者干脆不予理睬，而是要先及时安抚他们的情绪，将场面控制在可控的范围内。只有当业主冷静下来，双方才能客观地针对异议进行进一步的协商。

**安抚业主情绪，物业服务人员可以这样说：**

"几位业主，来，你们先坐下来，喝杯水！"

"几位业主先消消气，大家光发火也不能解决问题是吧？"

"我能理解大家的感受，毕竟每天都要乘坐电梯，大家的担心是十分有道理的！"

待业主们情绪稍微冷静下来以后，物业服务人员首先应该向他们表达感谢和歉意，检讨自己工作的不足，感谢他们对物业工作的监督和支持。

**向业主表达感谢，物业服务人员可以这样说：**

"说起来，我们还得对大家表示感谢，要不是大家发现电梯有异常并向我们报告，我们也没有发现这个问题！这是我们工作的疏漏。"

"谢谢大家对我们物业工作的监督和支持，为大家伙服务本是我们的分内之事，现在却让大家这么费心，十分抱歉。"

通过劝慰和表达感谢安抚好业主们的情绪后，物业服务人员就可以给出针对异议的详细解释和关于何时、如何解决问题的答案。在向业主们传达解决方案时应注意措辞，要始终站在业主的立场，并应措辞严谨。

**向业主传达解决方法，物业服务人员可以这样说：**

"事情是这样的，三号楼的保安在接到大家的反映之后，确实去检查了，他觉得可能没有什么大的影响，所以没有及时向我们报告，我们已经严厉批评了他。这确实是我们工作上的疏忽，非常抱歉。"

"刚才我已经电话联系了电梯维修人员，他们正在赶过来。大家放心，我们会立即排查问题，一定在最短时间内予以解决！"

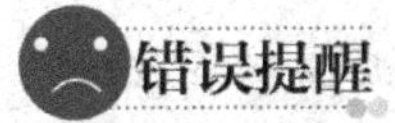


### 误区一　说风凉话

“别的业主都没有意见，怎么就你这么多事？”

“该说的我不是都已经说了吗？听不听是你的事！”

“你以为你是谁？这么喜欢打抱不平！”

“你要觉得有问题，可以自己去看、自己请人来维修啊！”

以上这些风凉话是物业服务人员最忌讳说的话，是无论如何都要避免的。

### 误区二　以暴制暴

“你给我滚出去！”

“你骂谁呢？你才是……”

“你动我试试？竟敢在我的地盘撒野！”

当业主表现出语言暴力或行为暴力时，物业服务人员应该适时忍让、劝阻，如果场面无法控制，可以向执法机构寻求帮助，切忌以暴制暴、争强好胜。

## 情景 32　回答问题，不厌其烦

**情景再现**

这天，和平小区物业服务中心的值班人员接到一位业主的电话：“天气越来越冷，我家的暖气却一点温度都没有，你们管不管呀？”

值班人员听得出来，这是位上了年纪的业主，立即安抚道：“老先生，您别急！您能详细跟我们说一下家里暖气的情况吗？”

“你说说多会儿开始供暖的，啊？”业主貌似没有听进去值班人员的话。

“老先生是这样的，我们是从这个月 15 号开始正式供暖。”值班人员回答道。

“那为什么我们的暖气还是不热？”业主继续问道。

“老先生，这个可能是管道的问题……”

“那你能修吗？”不等值班人员说完，业主便反问道。

“老先生，这个得由专业维修人员来进行维修……”

“那他们多会儿来修？我这么大年纪了，万一冻坏了，你们负得起责任吗？”业主再次打断了值班人员的话。

“我们的维修人员现在正在别的业主家处理问题，结束之后马上会去您家！”

“几点到？你给我个具体时间！”

值班人员用对讲机向维修人员了解了情况，马上告知业主：“老先生，他们再有两个小时就会结束那边的维修，最晚四点就会到您那儿！”

“好，那我就在家里等他们。”业主的态度终于缓和了下来。

## 情景分析

一些业主在向物业服务人员的工作提出异议时，会提出各式各样的问题。有的是无意为之，是确实对其工作心存疑虑；有的则是有意而为，故意问很多问题刁难服务人员。

面对业主一连串有意或无意的提问，物业服务人员该做和能做的就是像上述情景中的值班人员那样，不厌其烦地为业主解答所有问题和疑惑，缓解业主急躁或不满的情绪。

## 技巧运用

物业服务人员在回答业主提问时，应区分以下两种情况。

### 1. 业主确实对某事有需求或疑问

业主切实需要物业服务人员帮助解决一些实际存在的问题，或者业主对服务人员所提供的服务心存疑问，此时服务人员应尽最大能力为其解答，即使自己不知道该如何回答，也应及时向其他同事或领导寻求帮助后为业主解答。

**面对此类业主的提问，物业服务人员可以这样回答：**

“我马上为您解答！”

“这个问题是这样的……”

“您所看到听到的只是表象，真实情况是这样的……”

“稍等！我请我们主任帮您详细解答！”

“您还有哪些不清楚的地方吗？”

## 2. 业主的提问存在“故意找茬”之嫌

有些业主可能会因为与服务人员之间曾经有过过节或者心存误会，常常故意刁难，总想跟物业服务人员较劲。面对此类业主的提问，物业服务人员即使对他们的态度心知肚明，也应积极做出应答，不能有半点敷衍之意。如果服务人员不诚心对待此类业主，只会为他们留下更多找茬的借口，这是得不偿失的行为。

**面对此类业主的提问，物业服务人员可以这样回答：**

“我们马上派人帮您解决！另外，如果您对我们的工作还有其他意见和建议，我们真诚地向您征求，并保证在以后的工作中进行改正和改进！”

“啊，是这样啊，关于此条例，可能当时我们没有向您解释清楚，它的适用范围是指……”

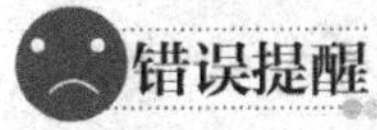


### 误区一　极不耐烦

“这个问题我们已经解释过了，到底要让我说几遍。”

“我已经说过了，一会儿就到，你怎么还问？”

“你没看到我正在忙吗？怎么这么多问题？”

物业服务人员不耐烦的情绪和语气会在一定程度上伤害业主的感情，使双方产生矛盾或加剧已有的矛盾。

### 误区二　随意敷衍

“嗯，对！”“是的！”“好的！”“您说得对！”

“维修人员一会儿就到了，您再等等！”

“我们经理不在，你明天再来吧！”

服务人员对业主所提出的问题，不经过大脑思考随便给出个答案，是极度不负责任的表现，不仅无益于问题的解决，而且还有可能导致产生更多问题。

# 情景33 做出承诺，消除不满

## 情景再现

富利小区的物业服务中心上午接到一位业主的投诉，投诉内容大致是业主自己的车位被别的车辆私自占用，该业主要求物业服务人员马上进行处理，否则他会叫人把车拖走。

物业服务中心接到投诉后，立即派人前去了解情况。到达停车场后，业主气势汹汹地指着其中一个停车位上的车说道："就是这辆车！就算我的车位是闲着的，他凭什么私自占用？你们为什么不及时发现及时处理？"

服务人员见业主情绪激动，忙安抚道："林先生，您先别生气，我马上帮您处理！"说完，他将那辆车的车牌号发回服务中心，查询到车主是六号楼5单元的耿先生。于是，他立即打电话给耿先生，希望他马上过来将车移开。但打了几次，耿先生都未接电话。

服务人员见一时联系不上耿先生，于是对业主说道："林先生，要不这样，您看暂时也联系不上耿先生，我马上去他家看看他在不在家。您先回去，等我处理完再给您打电话。您看这样行吗？"

"我怎么能相信你一定会去他家呢？万一我一离开你们就放任不管了怎么办？"林先生心存怀疑。

服务人员拍拍胸脯，郑重地说道："请您放一万个心，我们今天一定、务必给您解决这个问题！"

"好吧，那我就信你一次，要是我晚上过来这辆车还停这儿，就别怪我不给你们面子了！"林先生说完便离开了。

随后，服务人员找到耿先生的家，向其告知了情况。耿先生这才意识到误把自己的车停在了旁边的车位上，并立即下楼将车挪回了自己的车位。

服务人员打电话通知林先生，事情得到圆满解决。

## 情景分析

当林先生发现自己的车位被他人私自占用时，立即要求物业服务人员帮自己

讨回公道，这属于一种正当要求。

在处理此事过程中，面对林先生的一再催促、不信任以及提出的异议，物业服务人员通过再三保证和承诺，终于将林先生劝离现场。然后，通过与耿先生沟通，将事情圆满解决，兑现了对林先生的承诺。

某些时候，在问题解决条件尚不具备或业主心存异议的情况下，服务人员可以适时地向业主做出合理承诺，一方面可以消除业主异议，另一方面也可以为解决问题争取到更多时间。

## 技巧运用

物业服务人员向业主做出承诺前，需确保以下几个条件已经具备。

| | |
| --- | --- |
| 已将实际情况了解清楚 | 通过询问、实地勘察掌握实际情况，对事情做出基本判断 |
| 业主头脑冷静处于理智状态 | 首先应安抚业主的不满情绪，确保其真正冷静下来 |
| 对如何解决问题有十足把握 | 了解清楚情况后，切实找到解决措施，然后再做出承诺 |

当以上条件都具备后，物业服务人员就可以用明确的态度向业主做出承诺。

**物业服务人员在向业主做出承诺时，可以这样说：**

"情况我们已经了解清楚了，您放心，今天六点之前一定给您解决！"

"为您服务是我们应该做的，请您务必相信我们！我们一定会给您一个满意的答复！"

"我们向您承诺，明天一早维修人员一定会出现在您家里！"

## 错误提醒

### 误区一　以"我"为主体轻易许诺

尚未了解清楚实际情况，便向业主轻易许诺，并将许诺主体放在"我"上，这是不妥当的。

"不用多说，这件事包在我身上了！"

“放心吧，类似的问题我已经处理过很多次了，这次也绝对没问题！”

应将许诺主体放在“我们”或“物业服务中心”这个集体上，这样才能让业主觉得更有说服力。

### 误区二　不及时兑现承诺

切忌向业主做出承诺却不及时兑现。这样只会使问题更严重，使物业与业主双方的矛盾加剧。

## 情景34　合理建议，予以肯定

### 情景再现

每年清明等祭扫的日子，很多地方都有烧纸钱的习俗。每逢这些日子，红星小区的业主们就会在小区里面焚烧纸钱，这令小区的物业服务中心伤透了脑筋：一方面，燃烧留下的灰烬较难清除，破坏了小区的整体环境；另一方面，焚烧产生的烟会使消防警报器一直响，物业服务人员分不清是否确实发生了火灾。

怎么办呢？经过几轮商讨，他们做出最后决议：禁止业主们在小区内有任何形式的烧纸等行为。

但是当他们在业主大会上将此项决议公布的时候，却遭到了大部分业主的反对。业主们认为这种“一竿子打死”的做法不符合常理，是对传统习俗的不尊重，“强烈禁止”并不是最好的解决措施。

“我们是来通知你们的，不是来询问你们意见的！”其中一位物业服务人员严厉地说道。

“我们这样做也是为了维护小区的良好环境，要不然你们能想出什么好的办法？”另一位物业服务人员说道。

这时，一位业主站起来说道：“可以在小区内指定一处焚香烧纸的固定地点，这样我们以后就可以集中在一个地方进行焚烧，你们也可以派人进行统一管理和清理。”“对对！”“是，应该这样！”“这是一个两全其美的办法！”其他业主附和道。

“绝对不行！”物业服务人员坚决反对。

“为什么不行?”

“我们没有多余的人手去帮你们清理那些东西！这样只会增加我们的工作量!”那位严厉的物业服务人员开始急了。

“你这是什么话?”“你们领导在哪儿？让你们领导来和我们谈!”业主们的情绪越来越激动。

## 情景分析

小区里的每位业主都具有向物业服务中心提出建议或意见的权利，这是毋庸置疑的。物业服务人员应高度重视业主们提出的建议或意见，对合理的部分表示肯定，并尽快予以落实；对不切实际的部分予以拒绝，并给出合理的、站得住脚的理由。

在上述情景中，业主们所提出的关于“在小区内定点焚香烧纸”的建议属于具备现实可行性的合理建议，但物业服务人员却未经思考便立即予以否定，这无疑会刺激到业主们的情绪，同时也无助于问题的解决。

## 技巧运用

对业主们所提出的合理建议，物业服务人员应该予以重视，在综合考虑后再给出是否采纳的结果并说明原因。可以借助以下几种技巧向业主表示肯定。

### 表示赞同

“您说得对！是应该这么做!”

“嗯，这的确是一个两全其美的办法!”

“还别说，这个办法说不定真的可行!”

### 表达赞美

“您提出的建议完全符合小区的实际情况，我们都应该向您学习!”

“您这么为咱们小区着想，我们真的很感动!”

### 做出承诺

"我们会在今天下班之前将此建议上报给服务中心……"

"我们会在三日之内给您明确答复！"

"如果建议通过，我们会帮您争取一份奖励！"

#### 误区一　冷嘲热讽

"哟，看来您为了显摆自己费了不少心呐！"

"看来您对这些方面还挺有研究的嘛，要不您来替我们管理小区？"

"你问其他业主吧。如果他们全部同意，那我们不说什么；如果有一个人不同意，那就不好意思了……"

这些冷嘲热讽不仅会表露出物业服务人员的素质不高，而且会破坏物业与业主双方之间的和谐关系，有碍于物业工作的顺利开展。

#### 误区二　完全无视

对业主提出的建议完全无视，既不肯定也不否定，不发表任何看法，是打击业主积极性甚至伤害业主感情的行为。

## 情景35　动之以情，赢得理解

### 情景再现

众望小区新推出一份《房屋装修管理规定》，其中针对装修时间的规定为：早10点之前和晚6点以后不得开展任何形式的装修活动。随后，服务中心将这份文件发给了每户业主。

第二天一早，几位业主便来到服务中心，他们表示对新规定里的装修时间限

制存有异议。

一位近期打算装修的业主说道："如果每天只有八个小时的装修时间，那装修的工期就会被无限期延长，这无疑会增加各方面成本。"

"是啊，这样太不合理了，哪个小区的装修时间会限制这么严格！""早8点到晚8点，这才是最合理的时间安排！"业主们纷纷表示不满。

面对业主们所提出的异议，物业服务人员应该如何应对呢？

## 情景分析

对于业主提出的异议，物业服务人员应区分对待。

如果是业主在冷静、理智状态下所提出的合理异议，那么物业服务人员应该虚心接受，同时对业主表达感谢，然后结合实际情况和业主的建议对新规定进行适当调整。

如果是业主在冲动状态下所提出的只看重自身利益、不顾全大局的不合理异议，那么物业服务人员需予以否决，并通过摆事实、讲道理，从情感层面赢得业主的理解和支持。

在上述情景中，众望小区的业主们对于房屋装修时间的异议以及改为"早8点到晚8点"的建议，存在只考虑个人利益、不顾及他人利益和全局的嫌疑，因此这些异议是不合理、不切实际的。

因此，该小区的物业服务人员应采取"否决+摆事实讲道理+以情动人"的方式进行有效应对。

## 技巧运用

"否决+摆事实讲道理+以情动人"的口才技巧如下。

### 否决

"各位说的我们当时也都考虑了，工期不是唯一需要考虑的因素啊！"

"时间真的不能再延长了！"

"早8点到晚8点不符合咱们小区的实际情况。"

## 摆事实讲道理

“装修时间的规定是在调查走访基础上确定的，符合大多数业主的意愿！”

“一家装修势必会打扰到周围邻居的正常生活，我们要做的就是让这种打扰降到最低。您也不希望邻居从一早开始敲敲打打直到晚上吧！”

## 以情动人

“之前我们就经常接到一些装修扰民的投诉，这让我们也很为难。我们理解您希望早点完工的心情，但也要理解其他业主希望在安静的环境下吃早饭和晚饭的心情，您说是不是……”

“请您也理解一下我们的工作，时间再延长确实是比较难的。”

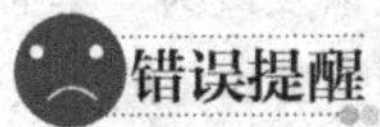

## 错误提醒

### 误区一　态度强硬

“这就是最终结果，没的商量！”

“你们就只管顾及自己的利益，有没有考虑过其他邻居的感受？”

“这是我们的规定，你们只能遵守！”

强硬的态度不仅无益于异议的消除，而且还有可能使业主们产生更多不良情绪，不能理性、客观地看待和解决问题。

### 误区二　“随风倒”

“您说的全都对！”

“您所言极是！咱们都是为了小区好！”

即使对不合理的建议，也是业主们说什么物业服务人员就赞同什么，但却不以任何实际行动进行贯彻，这样虽然在短时间内赢得了业主们的好感，但从长远来看只会加剧他们的不满。

# 情景 36　有则改之，无则加勉

## 情景再现

新华小区物业服务中心的齐主任一早就接到一位业主曹小姐的投诉，说昨天 A 号楼的一位保安动手打了自己的朋友。她对物业服务人员的服务方式和服务态度提出了强烈异议，要求齐主任立马进行处理。

齐主任挂掉电话后，立即赶到 A 号楼了解情况。通过了解得知，张姓保安就是业主提到的那位“打人”的保安。但据张姓保安的描述，事实并不像业主所说的那样。

“昨天我当班时，有两个陌生人走入大厅，我跟他们说需要出示探访证明或进行登记，但他们却拒绝出示和登记，并强行进入，我只好进行阻拦。就这样，他们就说我打人。他们向业主曹小姐打电话抱怨，曹小姐一下来就开始指责我，还说一定要投诉我。”

齐主任一想，这中间可能存在误会。于是，他请业主曹小姐有空来服务中心核实一下情况。那么，齐主任该怎么说才能消除曹小姐的误会，同时让其明白访客来访需注意的事项呢？

## 情景分析

对非业主进行来访登记和询问是确保小区安全的必要措施，每位业主以及来访者都应该予以理解并积极协助、配合。

在上述情景中，曹小姐的朋友来到新华小区 A 号楼，在张姓保安说明清楚情况，希望他们出示来访凭证或进行登记时，他们却极度不配合，欲强行闯入，张姓保安遂进行阻止。由此可见，主要责任应该在曹小姐的朋友身上。

齐主任首先应该向曹小姐说明实情，必要时，可以让其看当时的监控视频。在这个过程中，向其讲解访客来访的规定事项，并希望获得曹小姐及其朋友的理解和配合。

当然，不能只是一味追究曹小姐朋友的责任，齐主任也应该代张姓保安就此次事件中己方的不当之处向曹小姐及其朋友做出道歉，并保证会在接下来的工作中以更加专业的态度和方式处理访客事务，有则改之，无则加勉。

## 技巧运用

“有则改之，无则加勉”的口才技巧如下。

如确实存在服务人员的失职之处，需立即致歉并承诺会马上进行改正或改进。

> 物业人员可以这样说：
>
> “真的很抱歉，确实是我们的失职。我们马上帮您处理！”
>
> “不好意思，刚才在忙着处理其他事，对您有所忽略了。”
>
> “我们的工作人员可能反应有点过激，希望您谅解！”
>
> “刚才那位保安人员是新人，对业主的情况了解还不深入，如有冒犯之处，请多谅解！”
>
> “我们立即派维修工过去帮您处理！”

如业主对服务人员的工作存有误会、误解，服务人员最好不要立即否认，而应该向其阐述清楚事实，强调物业工作的必要，并承诺会以此次事件为教训，进一步完善管理条例，提升物业工作的专业性，减少误会、误解的产生。

> 物业人员可以这样说：
>
> “您先消消气，这中间可能有误会……”
>
> “事情的来龙去脉是这样的……”
>
> “对非业主进行登记，是确保大厦安全的必要措施，这样做既是对您的朋友负责，也是对您负责，希望您理解并给予配合。”
>
> “我们会以这次的事情作为参考，制定更加完善的应对措施，并补充进物业保安人员的作业指导书中。”

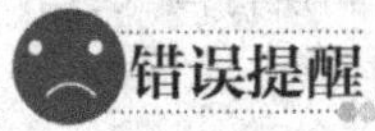

## 错误提醒

### 误区　对业主提出的异议不以为然，以恶劣的态度待之

“我们没听说过此事，所以无法帮你处理！”

“我们的工作人员绝对不会做这样的事，你不要胡搅蛮缠。”

“如果你的朋友不先出言不逊，我们的保安也不会动手。整个事情都是他们引起的，你凭什么恶人先告状？”

虽然有时理在我方，但物业服务人员也绝对不能以类似的话语去讽刺或斥责业主一方，而应该抱着处理问题的态度进行客观、理智的沟通和协调。

# 第 3 节　难缠业主

## 情景 37　心存偏见，积极消除

### 情景再现

某小区一位业主在装修的过程中，不顾劝阻擅自在顶层加盖阁楼。物业服务人员冯晓三番五次进行耐心解释均没有效果，最后看业主态度这么坚决，便只能向业主发出了停工整改通知书。

冯晓在原则问题上没有退让，最终业主只能无奈地放弃了施工。虽然装修风波就这样过去了，但是这位业主自此心生芥蒂，他认为物业服务人员就是只会收取物业费却处处为难业主的人，因此对物业工作产生了偏见。

从那之后，这位业主明里暗里处处和物业服务人员作对。每次冯晓与他沟通，这位业主都拉长了脸，有一搭没一搭、冷嘲热讽地说话。

最近物业服务处要组织一场活动，希望每位业主都来参加。冯晓几次努力说服这位业主，都被对方拒绝了。他意识到，是时候该好好和业主谈一次了，必须要彻底消除对方对物业工作和自己的误解。

### 情景分析

在处理业主违章装修的事件中，冯晓坚持原则绝不退让的做法是正确的。但是从业主的角度来说，他们本身的诉求并没有得到满足，对物业方面的规定也并不是很了解，再加上沟通过程中可能产生的不快，所有这些负面的东西堆积在一起便逐渐酝酿出了偏见。

在业主产生偏见后，他们会对物业的工作和人员形成固化的认知，无论听到什么话语、碰到什么事情，他们都习惯于顺着自己已经形成的观念去进行主观验证，这样等于在还没有沟通之前便已经构建了一道厚厚的屏蔽墙。

物业服务人员想要成功应对这类心存偏见的业主，自然是需要彻底消除他们的偏见。其中，能否“四两拨千斤”将厚厚的屏蔽墙推倒是问题的关键。

## 技巧运用

### 1. 想要“破冰”，并争取到谈话的机会，物业服务人员的开场白十分重要，表达要直接诚恳。

**物业服务人员可以这样说：**

“李先生，我知道上次的装修事件您一直耿耿于怀，这其实也是我一直以来心里的疙瘩。很多次我都很想和您好好谈谈，今天终于是鼓足了勇气，希望您能抽出宝贵的时间，给咱们彼此一个消除芥蒂的机会。”

### 2. 从整个物业工作角度出发，对业主有理有据地进行说明和解释。

★ 介绍物业的服务理念和特色，让业主清晰了解。

★ 对业主验收和入住后的所有问题进行解释，让业主心里有数。

### 3. 具体切入引起矛盾的装修事件，并表达自己的想法和遗憾。

**物业服务人员可以这样说：**

“上次的装修事件，您没能如愿，我从个人角度来说是十分理解您的。但是从工作的角度来说，我又不得不办。最后的处理方式是过激了一点，这也是我处事不成熟的地方。今天正式和您道个歉！”

### 4. 最后表达和解的意愿，并希望业主可以支持物业的工作。

**物业服务人员可以这样说：**

“总之，李先生，您的态度对物业及我个人来讲都十分重要！真的希望您能冰释前嫌，今后理解和支持我们的工作！”

**错误提醒**

物业服务人员不要认为偏见一旦形成便不能改变，更不要戴着有色眼镜去观察和对待心存偏见的业主。因为一切偏见都来源于误会和芥蒂，而这些都是可以通过口才的提升和融洽的沟通去消除的。

## 情景 38　情绪失控，安抚第一

**情景再现**

这天，物业服务中心员工黄风接到一位业主王先生的投诉电话，原来这位业主的邻居张先生家里正在进行装修，于是将所有家具堆在了楼道和电梯间，严重妨碍了王先生的正常通行，有几次甚至差点被绊倒。

黄风很快明白了王先生打电话的用意，他说："王先生请您放心，我们肯定马上帮您解决这个问题。"挂掉电话后，黄风便马上拨通了张先生的电话。

可是还没等黄风说完，张先生便不耐烦地打断了他："行了不要再说了，我知道你想干什么了，不就是在楼道里放了点家具嘛，有什么大不了的！"

黄风继续说："但是您的行为已经影响到了邻居的通行，也违反了物业的规定。"张先生提高音量说："凭什么说我违反了规定？我告诉你，谁不服气让他亲自来找我，我按时交纳物业费，所以我就有使用楼道和电梯间的权力，不管怎么说我都有理。"

"可是您使用的是公共空间，所以就理应考虑大家的感受。"黄风说。

"行了，我本身就是做老师的，不用你们在这里教我！我装修一回容易嘛，你们物业还给我找事儿，太烦人了！"张先生狠狠地挂掉了电话。

**情景分析**

从张先生在电话里的言谈和反应来看，他已经处于情绪失控的状态。物业服务人员应对这种问题，不能一味地苛求每位业主都全力配合自己的工作，只能尽量从自身出发去寻找问题，再试着改变业主的观念和想法。

★ 从谈话中可以知道张先生并不真正理解物业的规定，但黄风没有做进一步解释。

★ 张先生是一名教师，有着很强的自尊需求，黄风在沟通中说教的意味太浓，这一点更令张先生感到不快。

★ 黄风并没有给出更为合理的解决办法，这也导致了张先生的情绪失控。

## 技巧运用

有时候，只有一名物业服务人员面对情绪失控的业主不是最好的方法，因为这样可能很难让对方体验到受尊重的感觉。这时可以两三个物业服务人员一同前去，并且设定好 ABC 的角色定位，在沟通中互相配合和补充。

> **物业服务人员 ABC 身份定位沟通法：**
>
> A：桥梁角色，主要作用是安抚业主情绪，讲明道理。
>
> B：建议角色，主要作用是提出替代或解决的方案。
>
> C：严厉角色，主要作用是直面指出不予配合的后果。

**欲抑先扬，赞美效应**

“张先生，您是老师，道理自然比我们都明白。我们相信您在遵守物业管理制度方面肯定也能为人师表做出典范。”

**给出方案，让其思考**

“我们可以为您提供两种解决方案。第一种方案您可以将所有家具集中在一室，每个房间依次进行装修；第二种方案是由我们暂时代为保管，我们会安排合适的空间，您可以随时查看。”

**直面利害，让其冷静**

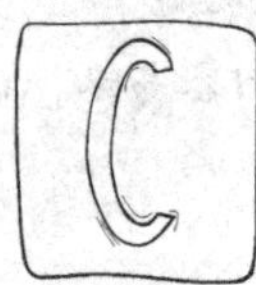

“张老师，如果您在规定的日期内还是没有将东西搬走的话，如果产生了火灾和堵塞消防通道等可怕的后果，这样您就不仅违反了物业规定，而且还违反了相关法律，您要再冷静想想啊！”

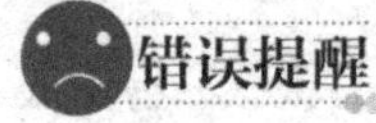

## 错误提醒

### 误区一 硬碰硬沟通

“你不容易，我还不容易呢！”

“你和我发这么大火儿干什么，我又不欠你什么！”

当业主处于情绪激动期时，万万不可与其硬碰硬，因为这可能会激起业主更大的怒火，最终无益于问题的解决。

### 误区二　无原则示弱

“这都是我们的错，您大人有大量，消消火！”

“您只要气消了，怎么骂我都成。”

这种无原则的示弱也不会起到作用。因为一来这可能反而会为愤怒的业主“添了一把火”，二来容易让业主误会物业服务人员有心虚之嫌。只有据理力争、巧妙应答，才能彻底安抚情绪失控的业主。

## 情景 39　拒不配合，攻心说服

### 情景再现

吕水清是一位高层住宅楼的物业服务人员，这个住宅楼实行封闭式管理，所有陌生访客在进入大楼时都必须凭有效证件在物业处登记。但是有很多业主因为各种原因拒不配合，导致这项看起来很简单的工作变得难以开展。

★ 怕麻烦的业主

“哎呀，好麻烦，我每天进进出出能带进来坏人吗？何必还要走这么一道程序呢！”

★ 爱面子的业主

“我是××号楼××单元的业主，你不认识我吗？我带个朋友进来还需要登记？太不给我面子了！”

★ 在意隐私的业主

“我不太愿意让我的访客出示有效证件，我觉得这是侵害了我的隐私，所以请理解我不配合你们的工作！”

★ 急脾气的业主

“哎呀，没看我有急事嘛，捣什么乱啊！这不耽误我的正事儿嘛！”

每次遇到拒不配合的业主，吕水清都会和业主及访客在物业登记处浪费一通唇舌，碰上脾气暴躁的业主，还可能发生争执。这样既耽误了自己的工作时间，又得罪了业主，最终还没能解决问题。这令吕水清十分头疼，但是又不知道到底该怎么办。

## 情景分析

进行访客登记看似是件容易的事，但由于各种原因，有些业主就是拒不配合。而物业服务人员需要维护整个小区和所有业主的安全，所以不能对这种行为听之任之，这样矛盾便产生了。

这种情况下，物业服务人员不能生硬地将业主的行为归结为简单的“对”或“错”，也不能将自己的对策归结为简单的“行”或“不行”，而是要学会在表达的过程中具体问题具体分析。

## 技巧运用

### 1. 应对怕麻烦的业主。

物业服务人员可以这样说：

“先生，我理解您怕麻烦的心理，但我们也是为了大家的安全着想。请您相信我，我会用心记住您带来的每一位访客，下回如果是相同的人，我会帮你们录入来访信息，这样就不会总麻烦您了！”

### 2. 应对爱面子的业主。

物业服务人员可以这样说：

“先生，并不是您想的那样，我们这样做不是不给您面子，反而是我们十分尊重和在意您的面子和安全。而且您也有贵人多忘事的可能，我们登记的信息也可以在您需要的时候起到备忘的作用。”

### 3. 应对在意隐私的业主。

**物业服务人员可以这样说：**

“先生，这个您大可放心，我们进行访客登记并不是为了什么调查取证，而是从维护小区和业主安全的角度出发的。我们有规定，所有被登记的信息我们只会留档，绝不会对外泄露。”

### 4. 应对急脾气的业主。

**物业服务人员可以这样说：**

“哦，业主不好意思，这是例行公事，也希望您能理解我们的工作，用时并不会太长。要不这样吧，我看您真的很着急，实在不行我们一会儿登门拜访再录入信息您看如何？这样就不会耽误您的急事了。”

### 错误提醒

**误区　不变说话技巧应对所有类型业主**

“不行，这是我们的规定，谁也不能破例。”

“所有人都要登记，先生您当然不能搞特殊。”

虽然物业服务人员坚持原则的行为是正确的，但是与业主沟通的方式却是错误的，要学会抓住不同业主的不同心理有针对性地进行说服。

## 情景 40　推卸责任，据实劝说

### 情景再现

丽景大厦物业服务人员李桐刚走进地下停车场就听到里面有吵闹声，于是赶快走过去查看情况。

原来同在这座大厦上班的史先生和齐先生因为停车问题产生了纠纷。史先生向李桐抱怨道："我刚把车停好，他也过来停车，不知道他是故意的还是技术太差，竟然把我的车给蹭了！"

"你血口喷人！我都十几年驾龄了，连倒个车都不会？你的车肯定之前就被剐了，现在是想讹我！"齐先生满脸委屈。

"你说的这是什么话，你把我车剐了，现在还反咬一口，你有没有点良心？"史先生很气愤。

李桐见两人越吵越厉害，忙阻止道："两位先生，你们先都消消气，这么吵下去也没法解决问题啊。我先看看车的情况。"

李桐对史先生的车进行了确认，从痕迹上看应该是刚刚被剐蹭的。李桐打电话给监控中心进行核实，确定史先生的车是被齐先生的车蹭到的。"看来齐先生为了推卸责任，故意说史先生的车是之前就被蹭到的。"李桐这样想。

那么，面对气势汹汹的史先生和推卸责任的齐先生，李桐该如何与他们进行沟通才能解决纠纷呢？

## 情景分析

面对能言善变、爱推卸责任的业主，物业服务人员应该以事实为依据，对业主进行旁敲侧击式的劝解和说服，让其明白逃避责任可能造成的严重后果，从而促使他们自愿承认错误。这样做既可以保全业主的面子，也可以使服务人员收获业主的尊重和信任。

在上述情景中，当李桐了解事情的真相后，应该将推卸责任的齐先生叫到一旁，向其间接表明自己已经通过监控中心得知了真相，以"谁都会有失误"来表达自己的理解，并劝说他主动承认过失。如果劝说毫无作用，李桐可以适当给他施加些压力，比如告知业主可以调取监控进行察看，但到时候如果确认是他所为，问题将变得十分严重。

## 技巧运用

物业服务人员在应对推卸责任的业主时，可以采用以下几个方面的口才技巧。

### 1. 确认真相

向业主说明真相，通过强调予以确认。

**物业服务人员可以这样说：**

“您倒车的时候方向盘可能打得急了些，所以从左边剐蹭到了史先生的车，这是我刚从监控中心了解到的。”

“我向那天在场的其他业主进行了了解询问，他们都看到……您再好好回想一下？”

## 2. 表达理解

从业主的眼神、话语中对事实予以确认后，以真诚的态度向其所犯的错误或过失表达理解。

**物业服务人员可以这样说：**

“谁都会有这样那样的过失，这在现实生活中是不可避免的。”

“在照明条件不太好的情况下倒车，确实会有盲区，稍不注意就有可能发生剐蹭，这个可以理解。”

## 3. 劝说承担

通过劝说或施加压力促使业主主动承认过失，负起该负的责任。

**物业服务人员可以这样说：**

“现在事实已经很清楚了，您也知道如何进行弥补吧。”

“如果您还是不太清楚，我可以陪您去监控中心察看当天的记录，或者同其他几位在场的业主见个面，您觉得如何？”

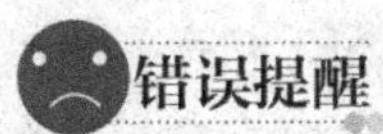

错误提醒

### 误区一　站在审判者立场进行盘问

“你倒车的时候有没有注意周围的车辆？”

“你是不是对自己的驾驶技术过于自信了呢？”

“在你的记忆中，当时齐先生站在什么位置？”

对业主进行审判式的盘问，尤其是在其他当事人在场的情况下，无疑会刺激到业主的情绪，让业主感觉下不来台。这不仅无益于问题的解决，而且很可能会让业主恼羞成怒。

### 误区二 威胁

“这里有监控，我已经查看了监控录像，你还是乖乖承认吧！”

“其他几位在场的业主都指认是你干的，如果你还不承认，那我只能让他们跟你当面对质了。”

威胁会进一步激发业主的逆反心理，这种沟通方式不可取。

## 情景41 搬弄是非，耐心教导

### 情景再现

和睦小区小花园里，每天都会有几位大妈在那儿跳舞、打牌或晒太阳。跳舞、打牌倒也罢了，不会对其他业主造成很大的影响。但是她们聚在一起聊天时，所讨论的话题总会涉及其他业主，或者抱怨某位业主爱多管闲事，或者议论别人家的是非，或者谈论别人的隐私。一些业主路过时恰好听到她们在讲自己家的事，气不打一处来，总会打电话向物业服务中心抱怨。

随着接到的投诉电话越来越多，物业服务中心为了小区的和谐，不得不对此事提起足够重视。

物业服务人员杜铮在某个阳光灿烂的下午来到小花园，只见那几位大妈正聚在一起聊着什么，时不时还大笑几声。杜铮凑过去，笑着问道：“大妈，你们聊什么呐，这么开心？”

“是小杜啊，我们这不刚说起老杨家和老李家的事嘛。你说说啊，就为了辆自行车，两家竟然能闹到法庭上，这不吃饱了撑的吗？要我说啊，他们两家都不是省油的灯，咱们以后还是少招惹他们。”崔大妈是她们的意见领袖，她这么一说，大家都迎合道：“是是是，对对对！”

杜铮听了崔大妈的话，正色道：“崔大妈，您跟其他大妈每天这样大声谈论别人家的事，是不是不太合适？”

崔大妈一听脸色立马变了：“小伙子，你怎么说话呢？什么叫不合适？聊什么

是我们的自由，你有什么权力管我们啊？难不成你们物业连我们每天说什么都要管吗？”其他几位大妈也纷纷指责杜铮。

杜铮被呛得一时不知该怎么往下说。在这种情况下，杜铮如何才能劝说大妈们放弃谈论是非呢？

## 情景分析

面对常说是非的业主，物业服务人员不能用激烈的言辞去批评甚至嘲讽他们，而应该从说理和讲情的角度，用劝说的语气让业主慢慢接受自己的想法，意识到自身的过失，并自愿做出改正。

在上述情景中，物业服务人员杜铮一开始还笑盈盈地问大妈们在聊什么，没过一会儿就以严肃的语气对她们进行质问，这种说服方式无疑是失败的，不仅达不到说服目的，而且还激怒了敏感的大妈们。

## 技巧运用

物业服务人员在劝说常说是非的业主时，可以参考以下几种口才技巧。

### 1. 打开局面

通过亲切问候、融入聊天氛围等方式打开劝说局面。

**物业服务人员可以这样说：**

“金阿姨、刘阿姨，在这儿晒太阳呐。今儿这天气可真好呀，我能坐这儿跟你们一起晒晒阳光不？”

“两位阿姨聊什么呢，这么起劲！孙阿姨都快兴奋地跳起来啦！”

### 2. 讲理

当业主卸掉防备心后，物业服务人员可以慢慢进入话题，通过讲理来赢得业主的认可和信任。

**物业服务人员可以这样说：**

“阿姨，咱们在这儿说刘大爷家的事，如果让他们听见了，会不会不太好啊？毕竟这是他们家比较敏感的事。您想想，如果您是刘大爷的家人，听到别人在议论自己家的事，心里会不会不好受？”

### 3. 诉情

从诉情的角度，感化爱说是非的业主。

物业服务人员可以这样说：

“刘大爷真可怜，这么大年纪还要经历这么大的变故，还没有个相互帮扶的人。咱们在这儿说他的是非，是不是有点不太近人情啊，哎……”

“家家有本难念的经，两位阿姨你们说是不是，谁都不能说自家没有点争吵、不和啥的，如果咱们在这儿谈论别人家的事，别人也说不定会在将来某一天谈论咱们的事，所以咱们还是别操心他们的事儿了，您们说是吧？”

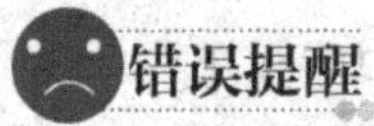

错误提醒

### 误区　站在管理者角度进行批评、教育

“住在一个小区就是一家人，你们却总是搬弄是非，非要搞得小区不和谐，你们能不能有点公德意识？”

“俗话说，常说是非者必是是非之人，你们每天谈论别人家的是非，难道是想成为大家眼中的是非之人？”

批评、教育对于爱说是非的业主并不能起到良好的说服效果，反而有可能触发他们的情绪敏感区，激起他们的不满。

## 情景 42　吹毛求疵，清理并用

情景再现

一到收取物业费的日子，橡树湾小区物业服务人员张俪就整天都满脸愁容。

因为有位冯女士每次都会以各种理由拒绝交纳物业费。这些理由看似合理，但只要一深究就完全站不住脚了。

比如："我们家供水管道出现问题，隔了一天才来修，并且维修不到位。"

"你们的安保不完善啊，有一次我的朋友来拜访，保安并没有拦截或者主动让他们做登记。"

"下雪的时候，你们不及时进行清扫，给我们的出行带来很大不便。"

张俪和冯女士交涉，先发制人说道："你们家供水管道出现问题，你大半夜打来电话让我们去修，但当时维修人员已经下班，所以我们只能第二天一早派人过去；你朋友来访没拦截，是因为她已经来了无数次，我们早都认识她了；上次下雪我们第一时间就进行了清扫，但我们人手有限，而且小区的很多业主都和我们一起清扫了，就你没来……我们的工作已经很到位了，你不能鸡蛋里面挑骨头啊。"

"什么？还怪我？你们是服务方，我是享受服务的一方，没有服务好就是你们的错。这物业费我是铁定不会交了！"冯女士生气地说道。

"你怎么这么不讲理？别的业主都交了，为啥就你特殊？你这纯粹是吹毛求疵、故意找事儿！"

两人你一句我一句地吵了起来。

## 情景分析

在物业管理服务工作中，物业服务人员总会碰到一些对所有事都吹毛求疵的业主。面对这一类型业主，服务人员需以事实为依据与其交谈，在此基础上劝导其放弃一些不造成实际影响或可有可无的意见、不满及投诉。

在上述情景中，物业服务人员张俪虽然在与业主沟通时一开始就摆出了事实，但其表述事实的方式存在问题。她并没有完全站在中立角度进行表述，而是划分了"你"和"我"的界限，并且还对业主加以指责，最终导致双方产生冲突。

## 技巧运用

物业服务人员在应对吹毛求疵的业主所提出的意见、不满或投诉时，可以采用以下一些口才技巧。

### 1. 客观陈述事实。

向业主客观陈述事实，并与其进行确认。

物业服务人员可以这样说：

“当时的真实情况是这样的……您当时也在场，您再仔细回忆一下，是不是这样？”

“我刚和小张确认了一下，事实的确如此，您认为呢？”

### 2. 态度温和，立场坚定。

在吹毛求疵的业主面前，物业服务人员虽然说话态度应尽量保持温和，但立场必须坚定，在原则问题上绝不退让。

物业服务人员可以这样说：

“事实已经清楚了，物业这边确实没有失职的地方，可能当时情况有些混乱，所以中间产生了点误会。”

“物业这边该做的一定都会做到，在过去的一年里也都在严格按照规定办事。其中难免有一些小的不足之处，还希望大家包容、谅解。”

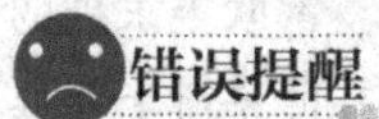


#### 误区　指责业主吹毛求疵

“你这纯粹是在鸡蛋里挑骨头，没事找事！有本事你这么做试试，我就不信你能把所有事情都做到完美。”

“你完全是在为自己不愿意交纳物业费找借口，为什么其他业主不觉得这是问题，只有你在这儿一直找茬？”

无论业主做得对与否，物业服务人员都不能直接对其进行严厉指责。

# Chapter 4

# 第 4 章

## 维护秩序要正心

- 及时制止违法违规行为
- 诚心劝诫不良扰民行为
- 礼貌纠正不文明的陋习
- 耐心说服访客进行登记
- 坚决禁止乱贴广告行为
- 依法制止私自违建行为
- 巧妙规劝乱停车辆行为
- 及时提醒规范养宠行为

## 物业服务人员工作日志

★昨晚接到业主投诉，7号楼一对年轻夫妇深夜聚会扰民，我前去跟他们沟通，结果被蛮横的女主人大骂一通，我怎么这么倒霉啊……

★业主总是在小区里面乱丢垃圾、乱泼脏水，我们强调过无数次，但屡禁不止……

★ A楼楼顶突然出现一座玻璃房，经过了解得知是住在顶楼的业主所建。我们去跟业主沟通，要求其拆除，业主却严词拒绝，还威胁要告我们，这算什么事……

# 第1节　行为陋习

## 情景43　扰民行为，诚心劝诫

### 情景再现

茉莉园小区2号楼住着一对年轻夫妇，最近他们成为物业服务人员的重点关注对象。事情的起因是这样的：近两个月来，2号楼好几户业主都向服务中心反映，那对年轻夫妇每逢周末都会邀请很多朋友来家里聚会，直至凌晨都不结束，震耳欲聋的音乐声、人群的欢呼声和大笑声，让周围的邻居不堪忍受。最惨的是住在年轻夫妇楼下的业主，经常需要伴着乱舞的脚步声和酒瓶跌落在地板上的声音入眠。

物业服务人员接到业主们的投诉后，登门造访了年轻夫妇。

“来找我们有什么事吗?”女主人态度冷淡。

“我们接到其他业主的投诉，说你们一到周末就会聚会到凌晨，严重影响了他们的正常生活。”物业服务人员理直气壮地说道。

“其他业主说的？那你们亲眼见到了吗？亲耳听到了吗？其他业主说啥就是啥？再说了，即便我们聚会，碍着他们什么事儿了？我们还没有在自己家聚会的权力了啊?”女主人说话像打机关枪一样。

“你这人怎么这么没有公德心？你们大半夜聚会动静那么大，周围的邻居怎么能不被打扰？我们来是通知你们，如果以后还照样聚会到凌晨，打扰其他业主的正常休息，那我们会按物业管理条例对你们予以处罚!”物业服务人员听完女主人的话严肃地说道。

听到此番话，男主人从房间里冲出来揪住服务人员的领口说道：“你这什么态度？你们马上都给我滚出去！否则别怪我不客气!”

“怎么着，你还要打我啊？你敢动手试试!”物业服务人员不甘示弱。说着，男主人的拳头就落到了物业服务人员的脸上。

现场陷入一片混乱。

## 情景分析

对于小区内的不良扰民行为，物业服务人员首先要做的不应该是搬出管理条例施行严令禁止，而是应该对制造噪声或其他干扰的业主进行诚心诚意的劝诫，让其从思想上真正认识到自己行为的不当之处，心悦诚服地改正，这才是彻底杜绝不良扰民行为的明智之举。

在上述情景中，物业服务人员一开始就以极其冷淡的态度回答女主人的提问。当女主人想尽各种办法为自己辩解时，物业服务人员不仅对其进行人身攻击，而且还用威胁的方式逼其改正，这无疑会进一步激起对方的不满。

在整个事件中，虽然制造噪声的年轻夫妇的行为和言辞确实不妥，但物业服务人员的说话态度和处理方式却对事件的发展起着推波助澜的作用。

## 技巧运用

物业服务人员对不良扰民行为进行诚心劝诫的口才技巧如下。

### 1. 以诚恳的态度间接表明来意。

直接指出对方因扰民被其他业主投诉，有可能会让对方因感到窘迫而坚决否认甚至拒绝继续沟通。

相反，如果采用间接的方式，则可以为对方提供一个台阶，让对方意识到自己行为的不当之处，却不至于恼羞成怒。

**物业服务人员可以这样说：**

“看您好像没休息好，是不是昨晚聚会玩到很晚啊？”

“看来您喜欢热闹这件事已经成为公开的秘密了呀，这不今天早上就有不少人给我们打电话说起这件事呢。”

### 2. 以诚心诚意的口吻进行劝说。

待对方了解来意后，站在其他业主的立场以及对方的立场诚心诚意地进行劝说。

**物业服务人员可以这样说：**

“聚会应该是一件令人愉悦的事情，但如果打扰到其他人就不太好了。您想

想，您楼上楼下的邻居家里有老人和小孩，都需要早早睡觉，如果凌晨还有各种音乐声、吵闹声，他们的睡眠肯定会受影响。时间长了，谁也受不了啊是不是?”

“知道您平时上班辛苦需要放松放松，但长时间晚睡一定会对健康有所损害。虽然您还年轻，但也要适度控制，您说是不是?”

### 3. 向对方的积极配合表达感谢。

当对方表示愿意反省、愿意改正时，服务人员应对对方的积极配合表达感谢。

**物业服务人员可以这样说：**

“感谢您愿意配合我们的工作，这真的是对我们物业工作的最大支持!”

“我们代表其他业主谢谢您的理解与支持!”

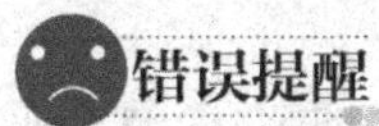

### 错误提醒

#### 误区　搬制度弄条例

“我们物业管理制度里有规定，任何业主不得在晚上九点以后大声吵闹、播放高分贝的音乐!”

“你已经多次违反我们的管理制度和条例，如果还有下次，那我们只能按规定进行处罚!”

管理制度和条例是用来约束业主的行为，而不是为了惩罚。所以，搬制度弄条例并不能从根本上消除不良扰民行为。

## 情景 44　行为陋习，礼貌纠正

### 情景再现

秀园小区物业服务中心近来最头疼的问题就是业主乱丢脏物、破坏公物、践踏草坪等不文明行为。虽然做了大量宣传教育工作，也切实加大了巡查监管力度，但这些不文明现象依然存在。

比如临街的3号楼底商中，有一家饭店每天都会往下水管道里倒脏水。而且服务员倒脏水时经常会泼溅在四周，时间一长就会发出阵阵异味。脏水里还混有一些塑料袋、烂菜叶等杂物，这些杂物堆积在下水道旁边，严重影响了小区的整体环境。物业服务人员多次与该饭店进行交涉，但对方总以“你们不让我把脏水倒在这儿，那你们说应该倒在哪儿”为借口进行推脱。

再比如，每逢春夏，业主们总会在小区内的草地上嬉戏，甚至将自行车、婴儿车等推入草地内，导致草皮被破坏。物业服务中心曾动员过一大批监管人员进行监督，但成效只是暂时的。没过多久，草地上便又出现小孩嬉戏打闹、大人坐卧交谈的场面了。

另外，小区内的公用设施也经常被不明人士破坏，如停车场的隔离设施、路灯、运动设施、公告牌等。对于这些破坏行为，物业服务人员既气愤又无奈，却找不出一个切实可行的办法去预防和杜绝。

## 情景分析

业主素质的高低，对小区的整体环境和整体氛围有着重要且直接的影响。如果业主普遍、长期具有一些不文明的行为，那么小区的整体环境和氛围也会受到不良影响。

因此，如果物业服务人员在小区内发现了一些不文明行为，应该及时予以制止和纠正。这不是一件容易的工作，单凭管理甚至惩罚是无法彻底解决的。物业服务人员可以试着采用说服教育的方式进行纠正。

## 技巧运用

物业服务人员使用说服教育的方式纠正业主不文明行为的口才技巧如下。

首先，让业主意识到自己的某种行为是不文明、不妥当的。

**物业服务人员可以这样说：**

“贾先生，您看这个地方本来是大家的出行通道，现在您把水果箱摆在这儿，大家来来去去多不方便啊，您说是不是？”

“这些花花草草本来是用来美化咱们小区的整体环境，现在却被踩踏得完全没有了生机，简直有点惨不忍睹啊！”

“这个下水道离您的店这么近，散发出来的异味不只会影响到小区环境，也会影响您的生意是不是？”

其次，要让业主明白及时改正的急迫性和重要性。

**物业服务人员可以这样说：**

“您想想，如果大家伙儿都在小区内随便丢垃圾，那我们的小区不就变成了垃圾场？您住在这儿也不开心呀。”

“如果您是客人，您也不愿意到门前堆积着大量厨余垃圾、散发着阵阵异味的饭店吃饭不是！”

“您看您占了出行道路，万一哪天发生剐蹭怎么办？到时候您也得承担责任，这不是给自己添麻烦吗？”

最后，诚心为业主给出改正的方向和建议。

**物业服务人员可以这样说：**

“您如果实在没有地方放这些箱子，可以租个仓库，毕竟您这生意是长期的，临时找地方也不是长久之计。”

“您可以让他们将厨余垃圾和污水分置在不同的塑料桶里，清洁工人会分门别类进行处理。”

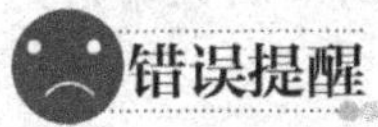

## 错误提醒

### 误区一　一竿子打死

“我们不管你有什么理由，今天晚上六点之前必须清除完毕！否则我们会依照管理条例进行处罚！”

“之前所有的类似事件我们都是这么处理的，为什么你不行？”

纠正不文明的陋习也需考虑实际情况，比如有些人的确是因为有难处才会做出不妥当行为，这时就应区分情况对待，不可一竿子打死。

### 误区二　人身攻击

“你们还有没有一点素质？良心都被狗吃了？”

“我们从来没见过像你这样丑陋的人！”

无论在何种情况下，物业服务人员都不能对业主进行人身攻击。

# 情景 45　乱贴乱涂，坚决禁止

## 情景再现

馥春园小区的物业服务人员自从年初开始一直为一件事所困扰：小区墙上以及楼层内张贴、放置了大量的小广告和宣传册子，它们大多都是关于装修、搬家、家政服务、订餐、美容美发等日常生活内容的。

虽然服务人员一直都在采取行动，但小区内乱发、乱贴广告的现象却屡禁不绝，这让他们着实无奈。

比如上个月的某天，保安小董在 6 号楼巡逻时，一名戴帽子、背着包的男子鬼鬼祟祟地走进 3 层过道里。小董起初以为是小偷，但仔细观察一会儿后发现，那名男子并没有去碰任何一户人家的门，而是边走边往过道墙上贴什么东西。小董走近一看，才知道他是在张贴“投资理财”的小广告。

小董走到男子面前，说道：“先生，这里不允许张贴小广告，请您立即停止现在的行为！”男子一听非但没有一丝悔意，反而整整衣服说道：“你哪只眼睛看见我贴广告了？我是 302 的业主，你怎么能这么诬陷我？”

小董仔细一看男子，发现真的是 302 的业主高先生。

“高先生，不管是不是您贴的，在过道里贴小广告都是不允许的，是对小区良好环境的破坏。”小董面对高先生的否认，只好这样说道。

“我知道！这还用你说！”高先生连看都没看小董一眼，丢下一句话便向 302 走去。

## 情景分析

四处张贴小广告、向人们随意散发宣传册的行为无疑会对小区的环境造成破坏，也会对小区内居民的生活造成困扰。

一般情况下，陌生人较难进入有良好管理的小区。那么做出这些不良行为的人就只能是小区业主、业主的访客或者为业主提供上门或外送服务等的人员，比如装修人员、维修人员、送餐员、送货员等。对于这几种类型的人员，不能使用“一竿子打死”的强硬策略，而应该采取综合措施。

同时，在和他们交涉的过程中，也应注意态度和说话方式，切忌采用盘问、

嘲讽甚至谩骂的语气。

## 技巧运用

物业服务人员发现在小区内乱贴广告的人员时，应采取管理+教育的方式，具体方式如下。

可以在每座楼入口处设置一个公共广告窗口，让有需要的人将广告粘贴在此处。这样既解决了小广告破坏小区环境的不文明现象，也切实满足了业主们的生活需要。

另外，物业服务人员还可以在定期召开的小区业主大会上号召业主们行动起来，对破坏小区环境的行为予以监督，一旦发现就及时制止，提高业主们的主人翁意识。

只凭管理来解决乱贴广告的行为是远远不够的，还需辅以适当的教育。物业服务人员在遇到乱贴广告者时，对其进行教育的口才技巧如下。

**对于乱贴广告的业主，物业服务人员可以这样说：**

"您作为馥春园的一分子，是不是也应该肩负起维护小区环境、保护我们舒适生活氛围的责任？"

"如果连您都不能维护咱们小区的环境，外面那些人就会更加肆无忌惮，照此下去，咱们的小区环境不就被破坏得面目全非了？"

"您要有张贴广告这方面的需求，可以和我们说，我们会帮助您进行宣传，当然前提是这些广告是正当、合法的，可以切实为其他业主带来便利。"

**对于乱贴广告的非业主，物业服务人员可以这样说：**

"你这么做严重违反我们的管理规定，是错误的行为，所以你必须停止！"

"我们小区的良好环境是全体业主共同努力的结果，你作为非业主却随意对它进行破坏，既不合情也不合理，你是不是该反省一下自己的行为呢？"

## 错误提醒

### 误区　出言不逊，言语威胁

"你作为小区的一分子，竟然有脸做出这样的事情？"

"你胆子够大的，竟敢在我们地盘上搞破坏，还不快滚出去！"

"如果你以后再敢进入该小区，看我们如何收拾你！"

无论面对业主还是非业主，物业服务人员都不能用谩骂、嘲讽等语气对其进行威胁。

## 情景46 乱停乱放，巧妙规劝

### 情景再现

新城小区的物业服务人员一直以来都被小区内乱停车辆的现象所困扰。许多业主不听劝告，随意将车辆停放在消防通道上、居民出行的人行道上，甚至绿化带上。

物业服务人员深知，业主们的车辆挤占了消防通道甚至楼间的空地，一旦突发火灾，消防车、救护车等应急车辆难以进入，后果将不堪设想，因此务必要尽快解决该问题。

傍晚，业主们都下班或外出归家。接到命令的安保人员驻守在消防通道旁。一位女士开着车在通道上停下来，安保人员立即上前制止："女士，这里是消防通道，不能停车！"

"我就停一会儿，马上就走！"女士边说边准备下车。

"女士，一会儿也是不可以的，请您配合我们的工作！"保安人员劝解道。

"你这小伙子怎么不开窍？我都说了只停一会儿。"

"无论您怎么说，这儿就是不能停车，请您将车移到停车场！"保安人员正色道。

"谁让你们把停车场建那么远，停个车还得来回走十几分钟，你不知道我的时间多宝贵吗？我今天就在这儿停了，你能怎么着？"女士欲转身离开。

保安人员立即上前制止……

那么，问题来了，在整个事件中，安保人员的处理方式是否妥当？如果欠妥，应该如何改正？

### 情景分析

小区内的消防通道是保障业主生命和财产安全的通道，小区内的人行道、楼间空隙、绿化带是为业主生活提供便利和良好环境的地方，如果业主们将车辆停在这些地方，无疑会对自己及他人的正常生活造成影响。因此，物业服务人员应及时进行管理。

在上述情景中，安保人员面对业主在消防通道上乱停车辆的行为，只是给出

一个警告，即“不能在这里停”，而没有指出“为什么不能在消防通道上停车”以及“如果停了可能会造成哪些严重后果”。因此，不但无法让业主信服，而且还给他们提供了找理由、找借口的空间。

因此，物业服务人员在制止业主乱停车辆的行为时，不仅要告知对方不应该这样做，而且要说明不应该这样做的理由以及这样做可能产生的后果。

### 技巧运用

物业服务人员巧妙规劝乱停车辆行为的口才技巧如下。

#### 1. 诚恳告知。

物业服务人员可以这样说：

“先生/女士，不好意思，这里不能停车！我们在入口处有警示牌。”

“您好，先生/女士，请您将车停在停车场，那里有安全保障！”

#### 2. 阐述原因。

物业服务人员可以这样说：

“消防通道是保障大家生命和财产安全的通道，应时刻保持畅通。设想一下如果大家的车都停在消防通道上，一旦小区内发生火灾，消防车无法顺利进入，势必会耽误营救时间，后果将不堪设想！”

“这些人行通道和绿化带本身是为大家提供便利的，但如果人人都将车停在这里，那么这里将会变得多么拥挤和混乱！相信谁看到都会觉得不舒服！”

**误区　言辞激烈**

“这么大几个字你看不见啊？不准停车！不准停车！眼睛是干啥用的？”

“你把车停在不该停的地方，如果出了什么问题，我们概不负责！你自己看着办吧！”

蛮横的态度和激烈的言辞在任何情况下都无助于解决问题，不仅起不到任何作用，而且很可能适得其反。

# 情景 47　饲养宠物，规范提醒

## 情景再现

周日下午，慧通小区安保人员魏兵和段峰在小区内巡逻时，听到 C 号楼附近有争吵声，于是他们立即前往了解情况。

当他们赶过去的时候，看见一对带小孩的夫妇正和牵着一条阿拉斯加宠物犬的年轻女子争吵，小孩在妈妈的怀里大声哭着。

魏兵和段峰首先让双方都冷静下来，然后向他们询问吵架的缘由。

“刚才我们带孩子乘电梯下楼，下到 5 楼的时候她牵着这么大一条狗非要上电梯。我家孩子本来就害怕狗，这下可好，她带狗一上来，孩子被吓得直哭。我们就劝她等下一班电梯，她却戴上耳机，对我们不理不睬。那狗从上了电梯就开始狂叫，看看我家孩子都被吓成什么样了！真是没见过这么没素质的人！”抱着小孩的那位妈妈激动说道。

“我没素质？电梯又不是你家开的，凭什么让我等下一班电梯？你的孩子是孩子，我的狗狗就不是了？凭什么不让我儿子乘电梯！”年轻女子不甘示弱。

“你说什么？你的狗能和我的孩子比吗？你把我们家孩子吓得哭成这样了，还有脸说这样的话？”小孩父亲扬起手欲打年轻女子。魏兵和段峰立马上前阻止。

面对此种情况，魏兵和段峰应该如何对双方进行劝说，并有效规范年轻女子的养宠行为？

## 情景分析

近年来，随着经济水平的提高，在社区内养宠物的居民越来越多，由此所引发的各类社会问题也越来越突出，比如宠物吓人、伤人、扰民、排泄物污染小区环境等。

在这样的形势下，物业服务中心须加强对业主饲养宠物行为的管理，及时劝阻不符合规定的饲养宠物行为，对宠物饲养人及时进行说服和教育，将可能引发的问题扼杀在摇篮里。

在上述情景中，物业服务人员应对带孩子的夫妇一方予以慰问和安抚，确认孩子除了被吓到之外，没有其他方面的问题；而对年轻女子则应以说服、教育为主，让其明白自身行为的不当之处。

## 技巧运用

物业服务人员及时提醒规范养宠行为以及对不文明饲养宠物行为进行说服、教育的口才技巧如下。

### 1. 及时提醒。

**物业服务人员可以这样说：**

"您带狗出门可不能不给狗戴项圈，这可是违反我们管理规定的。您赶紧回去拿一趟吧，这样出去万一出了什么问题，不仅会影响了心情，而且您还得承担责任，您说是不是？"

"携带宠物乘坐电梯应避开上下班高峰期，您看这么多人乘电梯，万一它被挤到或是咬到其他人，都是麻烦事是不是？您一定要注意啊。"

### 2. 说服、教育。

**物业服务人员可以这样说：**

"您看，孩子也确实被吓着了，如果您是孩子的母亲，相信心里肯定也不好受！您当然可以乘电梯，但既然孩子害怕，那就带着狗狗避让一下，等一、两分钟乘下一班电梯，这样既方便了大家，也为您省去不少麻烦。"

"您看您的宠物在半夜不停叫唤，确实影响到了其他业主的正常生活，您应该想想办法尽快解决这件事。是不是应该带它去看下医生？这样您也能放心不是。"

"对于宠物在小区内排泄的粪便，饲养宠物的业主有义务予以清理，这是咱们物业管理规定里面明确要求的，也是符合现实情况的。如果您不清理，他也不清理，那咱们小区岂不是变得臭烘烘了？相信您也一定不希望这样！"

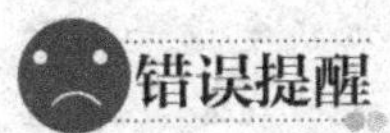


### 误区一　禁止养宠

为了避免产生因饲养宠物行为所导致的一系列问题而绝对禁止业主养宠是不

可行的。

在符合相关法律法规的前提下，饲养宠物是每位业主的权利，物业服务中心没有权力禁止。

### 误区二　人身攻击

“就为了满足饲养宠物的一己私利，对其他人造成那么多困扰，如果每个人都像你这么自私自利，那小区就变成动物园了。”

“要我说，错都在你身上。宠物不懂事，你怎么也不懂事呢？如果你是个有素质、有良心的人，就不会任由小孩被吓哭还硬要乘坐电梯。你这种年轻人我见多了，盲目追求时髦，自私自利！”

当出现问题时，有些物业服务人员从头到尾都站在管理者的立场对饲养宠物的业主进行批评，甚至人身攻击，这是极不可取的。

# 第2节　违规违法

## 情景48　违法违规，及时制止

### 情景再现

一天下午，正在办公室执勤的长丰小区物业服务中心钱主任接到监控中心的报告：两名陌生男子从B号楼东侧翻入小区院内，鬼鬼祟祟，形迹可疑。钱主任马上通知保安班长带人过去查看。保安班长带两名执勤保安到B号楼东侧搜寻，但没有发现可疑人员的踪迹。

钱主任赶到监控室查看可疑陌生男子的特征，经过查看，初步断定这两名陌生男子很有可能是来实施盗窃的。于是他立即让保安班长增派人手，一队人员守在B号楼附近，另一队人员进入B号楼逐层查找。

最终，保安人员在B号楼2层发现了陌生男子的身影，两个人正欲撬开一户业主的门。在保安班长的指挥下，保安人员迅速将两人抓获，并将他们带回了物

业服务中心。

一开始，两名男子无论如何都不承认自己的违法行为，说他们只是作为朋友来拜访业主，还扬言要起诉保安人员。

“那请你们跟我去监控中心查看一下监控记录，如果是拜访朋友的话，为何要鬼鬼祟祟地翻墙进入？为何要撬门而不是敲门？”保安班长质疑道。

这两名男子知道不能再继续狡辩，只好承认他们的不法行为。原来他们跟 B 号楼 2 层被撬门的那位业主梁先生曾经打过一些交道，他们知道梁先生一直都是独居，并且最近几个月在外出差，所以起了邪念。没想到还没开始动手，就被赶来的保安人员发现了。

保安班长随后将两人扭送到了派出所。

## 情景分析

小区安全管理是物业管理的主要内容。保护小区业主的生命、财产安全是每位物业服务人员的责任和义务。

在上述情景中，从监控中心的工作人员到保安人员，从服务中心主任到保安班长都切实履行了他们的责任和义务，及时制止了危害业主财产安全的不法行为，保护了业主财产的安全。

## 技巧运用

物业服务人员及时制止违法违规行为的口才技巧如下。

**制止过程中，物业服务人员可以这样说：**

“先生，公共走道不允许摆放私人物品！”

“这是我们的规定，请你们立即停止作业！”

“如果你们仍旧不听劝阻，我们会采取强制措施！”

“你这么做不仅违反我们的管理规定，而且也是违法的！即使我们不追究，也会有相关法律部门追究你的责任！所以你还是趁早收手吧！”

**询问过程中，物业服务人员可以这样说：**

“你们知道私改煤气管道会产生什么样的严重后果吗？你们估量过这种危害吗？”

“你为什么要这么做？能说说理由吗？”

“你知不知道毁坏小区的公共设施是要受处罚的？”

既要及时制止当前的违法违规行为，又要让做出违法违规行为的人员认识到法律和管理法规的严肃性和不可侵犯性。

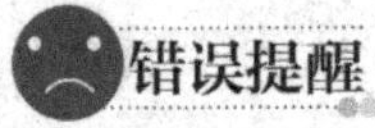

### 误区一　过度依赖执法部门

当小区内正在发生违法行为时，不积极采取措施，而是一味地等待相关执法部门过来进行处理。这样做有可能会造成更大的损失，甚至危及业主们的人身和财产安全。

### 误区二　借助暴力进行制止

当业主做出违反物业管理规定的行为时，切忌用暴力手段进行制止，这样只会使状况越发混乱，也会使物业中心陷入被动。

## 情景49　来访客人，说服登记

情景再现

某天傍晚，鑫源大厦的安保人员小韩正在A座大堂值班时看见一位打扮时髦的年轻女子走了进来。通过仔细观察，小韩确认该女子并不是在这儿上班的员工。于是他拿着访客登记簿走到女子面前说道："您好，女士！请在这里做一下访客登记！"

"我就在这儿上班，为什么还要登记？"年轻女子态度傲慢地反问道。

"女士，请问您是哪家公司的？我之前怎么从未见过您？"小韩不甘示弱。

"我……我是新来的。这里每天进进出出那么多人，你怎么可能谁都记得？"女子仍不愿登记。

小韩无奈说道："女士，我几乎每天都在这里值班，这里每家公司的员工甚至常来的访客我都心里有数。您把公司名字告诉我，我核实一下就好！"

"你怎么这么多事儿！我还有急事，不在这儿跟你磨叽了。"女士边说边急着上楼。

小韩忙上前阻止。

在这样的状况下，小韩应该如何说服访客进行来访登记？

## 情景分析

在之前的内容中已经提及过，让访客做来访登记是预防和避免大厦或小区发生意外的重要手段，是物业日常管理工作中不能忽视的重要细节。因此，物业服务人员务必要做好这一方面的管理工作。

在现实生活中，毫无耐心、说一两句话便气急败坏，甚至欲采取暴力手段的物业服务人员不在少数，这种暴力行为是万万不可取的。

当遇到不愿配合进行来访登记的访客时，物业服务人员既要坚持原则、严格遵守规定，又要保持温和的态度，不动声色地“步步紧逼”，耐心说服访客进行登记。

## 技巧运用

物业服务人员耐心说服访客进行登记的口才技巧如下。

### 1. 阐明要求。

向访客阐明来访需要进行登记的要求。

> **物业服务人员可以这样说：**
>
> “女士，请您来这里做一下登记！”
>
> “先生，您是哪位业主/哪家公司的访客？请登记一下。”

### 2. 说明缘由。

如访客拒绝登记，向其说明缘由。

> **物业服务人员可以这样说：**
>
> “访客登记是我们的管理规定，这也是为了业主们的安全考虑！”
>
> “请您配合我们的工作，这是为您好，也是为您的朋友着想！”

### 3. 帮忙登记。

如有必要，帮助访客进行登记。

**物业服务人员可以这样说：**

“瞧您说这几句话的功夫，咱们都能登记好了。要不这样，您说，我帮您填，一点儿都不麻烦。”

“您只需把姓名电话和要拜访的业主名字告诉我，我帮您填！”

错误提醒

### 误区　威胁

“如果不登记，休想踏上楼梯半步！”

“你不要无理取闹，否则我马上叫人过来！”

“不登记就是违反我们的管理规定，我们有权对你采取任何措施！你自己看着办吧。”

一些服务人员在访客不愿登记时，对访客进行言语威胁甚至肢体威胁，这样只会适得其反。

## 情景50　违建行为，依法制止

情景再现

紫金花园物业服务人员周一接到一些业主的投诉，A号楼楼顶露台上出现一座玻璃“阳光房”，不仅破坏了楼顶及隔离墙的原状，而且还影响了小区的整体美观。

物业服务人员方成随即去A号楼进行详细了解。通过向A号楼的业主询问，得知玻璃“阳光房”是住在顶楼的高姓业主所建的。

方成上楼敲响了高先生家的门，但许久都没有人来开门。他只好回到服务中心，希望通过电话与高先生取得联系。

“你好，高先生！我是紫金花园物业服务中心的小方，打电话是想跟您谈谈关于顶楼‘阳光房’的事情。”

“不好意思，我现在很忙，没有时间跟你们谈这件事情。”高先生说完便挂断了电话。

方成心想，看来业主对于如何应对物业工作早已做好了准备。第二天是周末，

他再次来家里找高先生，这次高先生在家。

“高先生，您好！我是昨天打电话给您的小方。是这样的，我们通过了解得知顶楼公共平台的‘阳光房’是您找人建的。这是不符合我们物业管理规定的，您的这种行为属于私自违建，所以我们希望您立即将‘阳光房’拆除！”方成开门见山。

“我在我家房顶建‘阳光房’碍你们什么事？我愿意建就建，你们该干嘛干嘛去，别在这儿多管闲事！”高先生态度强硬，边说边将方成往门外推。

面对这种情况，方成应该如何继续与高先生进行沟通、协商，说服他拆除“阳光房”呢？

## 情景分析

小区顶楼平台大多属于公共建筑区域，不允许业主私自在上面乱搭乱建，如果有人违反规定，物业服务人员有权提出警告，勒令其拆除。

在上述情景中，紫金花园小区顶楼的平台属于小区业主共有的财产，而不属于高先生个人，高先生的行为是违反物业管理规定的。因此，面对高先生蛮横不讲理的态度，物业服务人员千万不能表现出丝毫退让的姿态，而应该通过劝说、教育、告诫等方式，让其明白私自违建问题的严重性。

## 技巧运用

物业服务人员劝说、教育、告诫私自违建业主的口才技巧如下。

发现小区内的私自违建行为后，物业服务人员应立即找当事人核实情况，然后对其进行劝说、教育。

### 1. 劝说、教育

**物业服务人员可以这样说：**

“您心里肯定也清楚，这片绿地（这个顶楼平台）是小区业主们的共有财产，它不专属于您，也不专属于任何一位业主。所有业主都只有使用的权力，而没有占有的权力，所以您的私建行为是不妥当的。”

“您在公共平台上建造‘阳光房’，不仅破坏了楼层之间的统一性，而且对小区整体环境也是一种破坏！”

“我们希望您尽快将其拆除，如有需要，我们会向您提供人员支持！”

如果劝说、教育对业主无法起到任何效果，那么物业服务人员应通过强硬告诫来让业主认识到问题的严重性。

## 2. 告诫

**物业服务人员可以这样说：**

“您的行为违反了物业管理规定，我们有权要求您立即将其拆除！我们给您三天时间，如果三天之后仍旧没有拆除，那我们会采取强硬措施。”

“您的行为不但违反了物业管理规定，同时也违反了我国《土地管理法》等相关法律法规，我们有权代表全体业主向法院对您提起诉讼！”

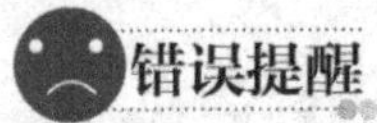

### 误区一　煽动其他业主情绪

“他这么做是损害了大家的权益，大家应该积极行动起来，维护自己的合法权益！”

“我已经给他下了最后通牒，如果他最后还是不拆，那我们大家一定会采取强硬措施！”

在任何情况下，物业服务人员都不能通过煽动业主情绪的方式来解决问题，不能将业主当“枪”使。这样做有可能会使事情发展到不可收拾的地步。

### 误区二　实行强拆

在未经过任何相关部门授权或同意的前提下，物业服务人员不能对违章建筑实行强拆，物业服务中心不具备这样的权力。强拆只会进一步激发当事业主的情绪，也会使物业服务中心失去原有的正确立场。

# Chapter 5

# 第 5 章

## 调解纠纷要读心

- 及时安抚，控制场面
- 提问引导，了解真相
- 立场中立，不要帮腔
- 能够讲理，更会用情
- 只做协调，不做裁决
- 三缄其口，保护隐私

**物业服务人员工作日志**

★小区里一对夫妇不知道因为什么原因吵了起来，我本来是去劝架，帮他们解决纠纷的，结果被他们合起伙来大骂了一通，我招谁若谁了……

★一位跟我很熟的业主和另一位业主产生了矛盾，叫我去处理，我只说了两句话，另一位业主就说我帮腔，我是有多冤……

★昨天有人向我打听5号楼某位业主的事，我本来不想说的，但碍于面子透露了一点，我是不是做错什么了……

# 第1节　业主之间的纠纷

## 情景51　业主争吵，安抚优先

### 情景再现

周六上午，世嘉小区物业服务中心接到业主举报电话，8号楼有两位业主在楼下激烈争吵，周围聚集了很多人。服务中心立马派小吴去了解情况。

当小吴赶到的时候，两位大妈正叉着腰互相对骂，大有动手之势。小吴赶紧将两人分开一段距离，并说道："两位大妈，快息怒，这是怎么了，发这么大火？"

"你是谁啊？"其中一位大妈气势汹汹地问道。

"我是物业中心的小吴啊，张大妈，你不认识我啦？"

"小吴啊，来来来，你今天一定得为我做主！"张大妈赶紧将小吴拉到自己这边。

另一位大妈看小吴被拉走，叉着腰开始大骂："自己做了亏心事还让小吴给你做主！小吴，你给我过来！"

"哎呀哎呀，张大妈、魏大妈，你们都冷静一下，都这么大年纪了，万一气坏了怎么办？有什么事咱们可以好好商量嘛，气坏身子可就不值当了。"小吴赶紧安抚两位大妈。"我过来就是帮你们解决问题的，你们要是不冷静下来，我怎么解决啊？是不是？"

听了小吴的话，两位大妈虽然还是气呼呼的，但总算不再争吵了。

### 情景分析

同住在一个小区内，业主间难免会有一些磕磕碰碰、口角冲突甚至纠纷。物业服务人员在调解业主纠纷方面扮演着重要角色。

当业主之间因为一些问题剑拔弩张、僵持不下时，物业服务人员首先要做的是及时安抚双方情绪，将现场场面控制住，不让其朝着不可控制的方向继续发展下去，这是当务之急。

在上述情景中，物业服务人员小吴很好地做到了这一点。面对两位大妈剑拔弩张的气势，首先通过劝说、宽慰的方式让双方冷静了下来，这样才有利于接下来的问题解决。

## 技巧运用

当业主之间因为纠纷僵持不下时，物业服务人员及时安抚、控制场面的口才技巧如下。

### 1. 安抚情绪

**物业服务人员可以这样说：**

“你们先冷静冷静，这么大火气，我站在你们中间感觉自己都快被点着啦！”（通过幽默化解双方的愤怒情绪）

“你们看看自己都被气成什么样子了？为这些事情气坏自己的身体就太不值当啦，都消消气吧。”（站在业主角度进行劝说）

### 2. 说明形势

**物业服务人员可以这样说：**

“当着这么多街坊四邻的面儿，你们又打又闹的，影响多不好，赶紧都冷静一下呀。”

“这么吵下去也不是办法啊，吵架如果能解决问题的话，我还拦着你们干什么？现在的关键是要解决问题。”

### 3. 表明目的

**物业服务人员可以这样说：**

“我来这儿就是帮助你们解决问题的。如果你们不冷静下来，我都插不上话了，怎么帮你们解决问题，对不对？”

“我作为物业中心的一名职员，就是为你们服务的，你们好歹给我一个为你们服务的机会啊，让我来帮你们解决。”

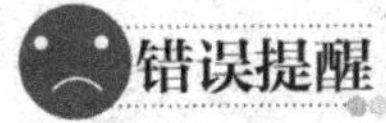

### 误区一　大声压制

“吵什么吵？这么多人看着，你们不嫌丢人啊？”

“别吵了！再吵我就让保安把你们带回物业中心！”

不顾业主的愤怒情绪，用讽刺或威胁的话语大声进行压制，这无疑是火上浇油，不仅无法安抚业主的情绪，而且还有可能使场面变得失控。

### 误区二　放任自流

“吵吧，继续吵！我看你们能吵出什么花儿来！”

“我也不知道该拿你们怎么办，你们爱咋咋地吧。”

对业主之间的纠纷不理不睬、放任自流，只会让事情往更坏的方向发展。

## 情景 52　业主争吵，溯源协调

### 情景再现

（接上节）待两位大妈都冷静下来以后，小吴将张大妈叫到一旁说道：“张大妈您先休息会儿，我找魏大妈聊聊。”

说完走到魏大妈身边，问道：“魏大妈，您先跟我讲讲这是怎么一回事。”

“小吴啊，你可一定得给我做主。我带着小孙子刚走到楼下，就听到身后有什么东西从上面摔了下来，声音特别大，把我小孙子都吓坏了。我回头一看，好家伙，是一个大花盆，花盆碎片和土摔了一地，离我们就一两米的距离。这要是我们走慢一点，不就砸脑袋上了吗？”魏大妈越说越生气。

“是挺危险的，幸好您和您宝贝孙子都没事。那您怎么就和张大妈吵起来了？”小吴继续问道。

“我就冲楼上喊，问是谁家的花盆，差点砸到我们。那个女人就冲下楼来开始骂。自己做了亏心事，还敢骂别人，真是没见过这么没教养的人！”

“您什么都没说，张大妈就开始骂了啊……”小吴小心翼翼地问。

“那个，我……我……是啊，我差点就被砸了，还不能给自己维权啦？”

小吴听了笑着说：“魏大妈您还挺专业的，都知道要‘维权’呢。嗯，行，情况我大概了解了。魏大妈，您先在这儿休息一下。”说完重新走到张大妈身边。

“张大妈，您跟我说说你们俩为什么吵架啊？”

“我正在楼上做家务，就听见楼下有人大声嚷嚷，说什么‘哪个挨千刀的把花盆放在阳台上’‘快给我滚出来’，满嘴脏话。我就想看看怎么回事，一进阳台发现花盆不见了。正想跟楼下那个女人道歉，但她却越骂越凶！”

“然后您就下楼了是吧？”

“又是诅咒我祖宗，又是骂我娘的，谁听见能受得了！”

“那您觉得这件事错在谁身上？”

“是，我家的花盆掉下去，差点砸到她，是我不对；但她不讲分寸公开叫骂，让街坊邻居听了影响多不好，她也不对，所以扯平了。”

“嗯，好，我了解了。您消消气，我来处理。”

紧接着小吴将张大妈和魏大妈叫到了一起。

## 情景分析

业主之间因为纠纷僵持不下时，物业服务人员在安抚好双方情绪、控制住现场局面的前提下，还需要通过有技巧的提问来引导双方的思路，从而获取有利于了解事情真相的信息。

在上述情景中，物业服务人员小吴安抚好张大妈和魏大妈的情绪后，通过分开询问、提问引导，了解了纠纷的起源和事件的真相，为接下来的调解提供了确切参考。

## 技巧运用

物业服务人员在向存在纠纷的双方提问时，如果想在短时间内了解清楚真相，就需要通过一连串相关联、具有内在逻辑的问题引导双方的思路。

### 1. 向业主询问事情的经过。

即让业主讲述其认为的“真相”，了解其真实想法。

**物业服务人员可以这样说：**

“女士，您能详细说一下事情的经过吗？”

“你们怎么就吵起来了呢？”

“先别管他怎么样，您先跟我说说您的看法。”

## 2. 在关键环节、关键点提问。

对事情发展的一些关键环节、关键点进行提问，以摸清原因。

**物业服务人员可以这样说：**

“当他拒绝调整时，您是如何应对的？”

“她当时说了什么？”

“当时还有其他人在场吗？”

## 3. 反问。

对业主不确定的或表现出心虚的地方进行反问，以获取事实真相。

**物业服务人员可以这样说：**

“您不是对他们做的事情一直都挺支持的吗，怎么突然又改变主意了？”

“难道您真这么认为？您是在气头上，所以说的气话吧？”

### 误区一　想到哪儿问到哪儿，毫无逻辑

“你为什么要站在人家的门口？”

“你说说，到底是怎么回事？”

“你是几号楼的业主？”

在询问时，东打一耙西打一棒，没有逻辑，只会让业主以及自己的思路更模糊，无法理清纠纷发生的来龙去脉。

### 误区二　带有偏见

“早就看你不是个好人，你说你为什么要骂老大妈？”

“在我看来，错肯定在你！你之前就因为这件事被别人找过麻烦，我说的没错吧？”

在未了解事情真相之前，千万不要随意对他人进行带有偏见的评判，这在任何情况下都是不合理的。

## 情景53　噪声扰民，立场中立

### 情景再现

晚上十点，融城小区物业服务中心正在值班的董鑫接到12号楼301业主的投诉：楼上401房间这个时间点还有人在拉小提琴，严重影响了家里老人的正常休息。

董鑫听完立即拨通了401房间的电话。

“你好！您是401房间的邓女士吧？”

“我是，您是哪位？”

“我是物业中心的服务人员小董。是这样的，我刚接到其他业主的投诉，说您家里这么晚还有人拉小提琴，影响了他们的正常作息。您看您这边能不能体谅一下其他业主？”

“我们家孩子过几天就要参加小提琴等级考试，这几天得抓紧练习，你让他们也体谅一下我们吧。”

“邓女士，您这样就有点过分了。大晚上的大伙儿都要休息，再说人家家里还有老人，您总应该为老人考虑一下吧？”

“我过分？是楼下301投诉的吧？301那一家人凌晨敲供暖管道，甚至敲房顶，我们家孩子经常会被敲醒，他们就不过分了？”

“那也是您先侵犯了他们的权益，他们才出此下策，所以错还是在您。我觉得晚上就不要再拉什么小提琴了，这样对大家都好。”

“我听出来了，看来你就是来替他们打抱不平的。既然你只维护他们的权益，那我们的权益就由我自己来维护！”

邓女士说完便挂断了电话。当天晚上，直至凌晨，401 房间小提琴的声音仍旧回荡在融城小区 12 号楼里。

## 情景分析

物业服务人员在处理业主之间的纠纷时，无论业主双方背景如何、与自己是否相熟、谁错在先，都应以协调者的身份展开协调，而不能以参与者的身份参与其中。从始至终都应该站在中立的立场，不偏袒任何一方。

在上述情景中，物业服务人员董鑫在处理 301 和 401 两户业主因噪声问题所引起的纠纷时，始终站在 301 业主的立场，对 401 业主的陈述进行了一一反驳。他在维护 301 业主权益的同时，没有照顾到 401 业主的权益需求，最终使得 401 业主恼羞成怒，不但没有调解纠纷，反而使矛盾扩大化。

## 技巧运用

物业服务人员在调解业主间纠纷时保持中立立场的口才技巧如下。

### 1. 以转述的方式确认事实。

转述其中一方所说的话，以这种方式进一步确认事实。

**物业服务人员可以这样说：**

“有业主打电话说凌晨您还在播放嘈杂的音乐，我想向您确认一下他所说的是否为事实。”

“您刚刚说的貌似跟其他业主之前所说的有些出入。”

### 2. 不对任何一方进行对错判定。

无论在何种情况下，物业服务人员都不能对任何一方进行明确的对错判定。即只阐述事实，不判断对错。

**物业服务人员可以这样说：**

“您觉得您本身是否有做得不当之处？或者说考虑欠佳的地方？”

“这件事本身没有谁对谁错之分，只是大家在沟通过程中出现了一些问题。”

错误提醒

### 误区一　轻易判断对错

“听完你们的陈述，我大概清楚怎么回事了。这件事的确错在黄先生，你不该……更不该……”

“余小姐，您先回去吧，这里没你的事了。高小姐，您得留下来，这件事之所以发展成这样，问题都出现在您身上，所以我不得不跟您好好聊聊。”

进行协调而不是做是非对错的判断，这是物业服务人员在调解业主间纠纷时应把握的基本原则。

### 误区二　帮腔

“陈先生家里还有个 80 岁的老人，你怎么忍心这么做？还有没有点儿公德心？”

“余小姐也没说什么啊，你不能这么诬陷她。”

帮着某一方说话，极其明显地展露出偏袒之心，只会适得其反。

## 情景 54　楼上渗水，配合解决

情景再现

“物业服务中心吗？我是 8 号楼 1201 的业主，我们家厨房房顶从昨晚开始就一直滴水，应该是楼上地漏渗水了，我去找楼上的业主，他却连门都不给我开。请你们赶快过来处理一下！”周六一早，物业服务中心的小何便接到一位业主的求助电话。

“好的，马上到！”小何挂掉电话便向 8 号楼走去。

1201 业主家的厨房地面已经积了不少水，看来得赶紧解决此事。于是，小何敲响了 1301 的门。

“请问你找谁？有什么事吗？”1301 业主隔着防盗门问道。

“顾小姐您好，我是物业服务中心的小何。1201 杨先生家厨房房顶滴水，很

可能是您家厨房地漏渗水了。我和他过来确认一下。”

“我都已经跟他说过不是我家的问题了，你们怎么还来？”

“怎么不是你家的问题？难不成我家天花板自己冒出水来了？”杨先生一听便急了。

“杨先生，您先别急，让我来跟顾小姐协商。”小何劝说杨先生道。

“顾小姐，我刚刚去杨先生家确认了一下，的确是房顶在漏水，地上已经积了很多水。如果再继续拖延下去，问题可能更严重。”

“那也不是我造成的啊！”顾小姐仍拒绝开门。

“顾小姐，大家能住在一栋楼里都是缘分，邻里邻居的，应该互相多体谅、多关照，是不是？换位思考一下，如果今天是您家里房顶漏水，您去找楼上的业主，结果他拒绝让您进门查看，您是不是心里也特别着急？您看我把鞋套也带着呢，不会到处乱踩的。”

顾小姐听完这番话，沉默了一阵，终于开了门让他们进去查看。

## 情景分析

处理业主之间的纠纷时，物业服务人员除了要跟业主讲明事理，还要善于运用情感策略去打动业主的心，即“晓之以理，动之以情”。

在上述情景中，物业服务人员小何首先通过陈述事实，表明事件的严重性、迫切性，然后在情感层面运用换位思考策略打动了顾小姐，最终成功调节了杨先生和顾小姐之间的纠纷。

## 技巧运用

“晓之以理，动之以情”的口才技巧如下。

### 1. 讲明事理。

阐述事实，讲明道理。

**物业服务人员可以这样说：**

“如果是地漏渗水问题，不及时处理，很有可能也会殃及您自己家里。”

“只是进去确认一下是否是地漏的问题，如果不是，我们马上就会离开！”

## 2. 升华情感。

从情感层面打动业主。

> **物业服务人员可以这样说：**
>
> “大家在一栋楼里住这么多年了，即使不算亲情也有邻里之情。谁家还没点儿需要帮助的事情？”
>
> “如果今天遇到困难的是您，您是不是也从心底里希望大家能够互相体谅、互相关照？”

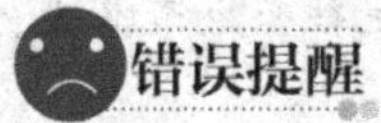


### 误区　用情太过

“一看您就是一个高情商、明事理的人，之前我就听其他同事说跟您打交道特别不费力，跟其他业主总得周旋半天，跟您就容易多了，我们都喜欢像您这样的业主。”

用情太过，未免显得太假，缺乏真诚，切记过犹不及。

## 情景 55　消费纠纷，积极协调

### 情景再现

柳泽商场物业服务中心的郭亮在巡逻时，听到商场二层有人在吵架，他赶忙去查看情况。

二层一家卖品牌服装的店铺里，一个店主模样的人正和一名顾客吵架。

“到底退不退？”

“不退！我们这里的商品售出后概不退换！”

“你们负责人在哪儿？我要见你们负责人！”

“我就是这里的负责人，我已经说过了，绝不退换！”

“你！”顾客气得直往店主身上扑。

小郭赶紧上前拦住顾客，并将顾客带到一旁说道：“女士，我是物业服务中心的小郭，咱们有事可以商量，动手打了人可就有理也说不清了啊。您先告诉我到底发生了什么事？”

“你跟那个女人不是一伙的吧？我昨天从她店里买了一件大衣，当时没仔细检查，回去才发现少了好几颗扣子，衣服口袋都是破的。你说她怎么能昧着良心把有质量问题的衣服卖给我？她是不是该给我退货？我不要求她赔偿就不错了，竟然还跟我吵。你说这事到底怎么办？你给我个说法！”顾客气冲冲地说道。

“您别急，让我先跟店主沟通一下，您先坐这边消消气。”郭亮将顾客安顿在商场座椅上。

随后郭亮走进店里，对店主说道：“现在顾客执意要求退货，我刚看了一下，衣服确实存在质量问题。您看现在应该怎么办？”

“不退！衣服一经售出概不退换，这是我们店里的规定。”店主态度很决绝。

“您看看外面，围观的人越来越多，您如果不给个说法，其他顾客会怎么想？如果那位顾客投诉您，可能后果会更严重，毕竟她手上的衣服的确存在质量问题。所以为了您自己的信誉，也为了咱们整个商场的商誉，希望您仔细斟酌，尽快想出一个两全其美的解决办法。”郭亮真诚地劝说店主。

店主沉默了一会儿，最终决定为顾客调换一件没有质量问题的衣服，并向顾客道歉。顾客见郭亮也挺为难，另店主确有悔过之意，最终接受了店主的换货提议，不再坚持退货。

## 情景分析

前文已经提到过，物业服务人员在处理纠纷时担任的是协调者的角色，而非判断者或裁决者。所以物业服务人员在处理纠纷过程中应注重协调，引导双方做出有利于解决纠纷的决定，而不是替他们做最终决定。

在上述情景中，物业服务人员郭亮在处理店铺业主和顾客之间的纠纷时，只是通过中间协调，向店主陈明其中的利害，引导店主找出两全其美的解决办法，最终店主决定为顾客换货，使事情得到了很好的解决。

## 技巧运用

只做协调、不做裁决的口才技巧如下。

## 1. 摆明利害。

向纠纷双方阐述清楚尽快解决纠纷的“利”和执意不让步、不尽快解决问题的“害”，引导对方做出决定。

**物业服务人员可以这样说：**

“如果不尽快解决问题，你们都得跟着耗时间、耗精力，并且一定会影响到心情，这样多不值当！”

“大家都各让一步，问题就能得到解决，说不定以后大家还能成为朋友，互相提供帮助。如果现在谁都不让步，弄成僵局，那以后岂不多了一个敌人？相信大家都不愿意这样。”

## 2. 提供建议。

物业服务人员可以适时地向双方提供解决纠纷的建议，但最终决定权仍在产生纠纷的双方身上。

**物业服务人员可以这样说：**

“我的想法是……你们可以参考一下，说不定能启发一下你们的思路。”

“作为一个局外人，我从比较客观的角度给你们一个建议……当然这只是我的建议，最终如何解决还得由你们自己决定。”

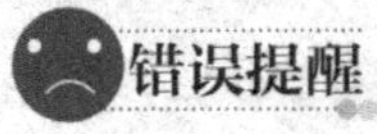


### 误区　做裁决

“你，立即把钱退给这位顾客！”

“你们双方都有责任，因此必须共同承担维修费用。”

“打扰别人休息本身就是没有道德的行为，你不仅得向其他人道歉，而且必须做出保证，以后不做同样的事情。”

物业服务人员将自己作为决裁者，以自己的价值观、道德观对纠纷做出判断和裁决，这是极不可取的。

# 情景 56　家庭纠纷，保护隐私

## 情景再现

香榭丽小区 15 号楼 B 座的业主近来从早到晚都会听到一男一女的吵架声，甚至中间还会夹杂着摔东西的声音。业主们将这一情况反映给了物业服务中心。服务中心主任派李琳去了解情况。

李琳通过向业主们询问得知，每天吵架的是 804 室的一对年轻夫妇。于是，周六上午，李琳敲响了 804 的房门。

刚一开始，年轻夫妇态度很不友善，对李琳的到来也表现出不欢迎的姿态，一直说是自己的家务事，不希望他人插手。

李琳提出要跟女主人单独聊聊的请求，女主人最终答应了。

可能因为都是女人，并且都有了家庭，所以女主人向李琳敞开了心扉。原来他们刚结婚一年，男主人便向女主人提出离婚，理由是他喜欢上了同事。

李琳觉得如果是因为这样的事争吵，那外人的确无法干预。于是，她只好对女主人劝慰一番，让其多为自己的将来考虑，说完便离开了。

当李琳从年轻夫妇家出来时，一群大妈正在楼前广场上晒太阳。她们得知李琳刚从年轻夫妇家出来，都好奇地围了过来，全都是一副八卦的样子。李琳经不起大家的好奇提问，便把年轻夫妇的事全都“抖落”了出来，同时站在女主人的立场上，尖酸刻薄地对男主人评论了一番。

恰好此时，男主人下楼准备出门，听到李琳和一群大妈在讨论自己家的事，气不打一处来，冲到李琳面前欲打人。

幸好大家都拦着，李琳才没挨打。李琳也自知理亏，灰溜溜地跑回了物业服务中心。

## 情景分析

物业服务人员在调解业主间纠纷时，无论是在调解过程中还是调解结束后，都应对涉及业主隐私的信息进行保密，无论是谁打探、探听，都不能透露。这是对业主的尊重，也体现了物业服务人员的职业操守。

在上述情景中，李琳不仅将年轻夫妇的隐私全部透露给了其他业主，而且还从自己的主观情绪出发，搬弄是非，既辜负了女主人对她的信任，也反映出了她职业素养的欠缺。

当男主人冲向李琳的那一刻，就表明李琳的调解工作不仅没有成功，而且还使得年轻夫妇之间产生了更深的隔阂和更多的纠纷。

## 技巧运用

对于业主间纠纷的相关信息，物业服务人员不仅自己不能向他人透露，而且还要阻止其他知情人向外透露，保护业主的隐私。

物业服务人员保护业主隐私的口才技巧如下。

### 1. 谨慎言行。

如果有人打探相关人员的信息，物业服务人员应谨慎待之。

**物业服务人员可以这样说：**

“这是他们的家事和隐私，我们不方便透露。”

“他们吵架自有缘由，我们旁人也不好插手，所以大家也别问了。家家有本难念的经，谁家都会有磕磕碰碰的时候，这也没什么好八卦的。”

### 2. 劝阻他人搬弄是非。

当有人搬弄当事人的是非时，物业服务人员应及时劝阻。

**物业服务人员可以这样说：**

“这样在背后谈论别人家的事不太好吧，大家赶紧散了吧。”

“哎呀，不要总说别人家的事嘛。万一这些话传到他们那儿，他们会怎么想？影响了邻里感情多不好。”

## 错误提醒

**误区　口无遮拦**

“还能因为什么吵，不就是她老公又在外面找年轻漂亮的女人了嘛。现在类似

的事情多了去了，还有那谁……”

“要说那两个人也真是够奇葩的，为了几十块钱的电费恨不得打起来，真是没见过世面啊。”

“你们听到的都是谣传，我帮他们处理的，只有我才知道事情的真相，你们想不想听？”

作为一名物业服务人员，无论在谁面前随便透露他人的隐私都是极为不妥的。这不仅体现了自己职业操守的缺失，而且很可能引起更大的纠纷，甚至会影响整个物业服务中心在业主心中的形象。

# 第 2 节　业主与物业之间的纠纷

## 情景 57　卫生纠纷，及时处理

### 情景再现

“关于卫生清运的事，你们到底什么时候可以给我们一个明确的答复啊？”

“张先生，您稍安勿躁，我们答应您，尽快解决小区的卫生问题。”

“每次你们都这样说，都已经多少次了。我们交物业管理费，你们提供服务，这是天经地义的事，现在连一个小小的垃圾清运问题都无法解决吗？”

“张先生，您先冷静一下，喝口水消消气。”

“冷静，我怎么冷静？我已经不是第一次来了，你们每次都说尽快尽快。如果你们今天还是无法给我一个确切的答复，我只有选择寻求法律援助了。”

这已经是张先生为了卫生问题第 5 次来到物业了。张先生是某小区的业主，自从居住到该小区后，张先生发现，小区的卫生清扫、垃圾清运经常不准时，使得夏天楼道内到处都是异味，冬天积雪清理不及时使得其母亲因此而摔伤过。为此，张先生多次与物业进行协商，甚至联合其他业主一起要求物业准时清理垃圾。可经过多次协商，物业公司依然“我行我素”，垃圾清运“一如往常”。

"张先生，您放心。身为物业服务人员，让业主满意是我们的追求，今天我们一定帮您解决这件事。"

## 情景分析

业主从进入小区开始，与物业之间就产生了密不可分的关系，物业公司在业主的生活中发挥着重要作用。

物业服务满意度是衡量物业公司服务水平的重要指标。业主为了自身权益，与物业协商解决问题时，物业应及时帮助业主解决困难，急业主之所急。

在上述情景中，物业人员的态度值得肯定，万事讲究一个"和"字，凡事好商量。面对业主张先生的不满，首先进行劝说，稳定情绪，然后合理协商，许诺今天之内解决问题，便于业主问题的顺利解决。

## 技巧运用

当业主与物业之间因为纠纷僵持不下时，物业服务人员应及时安抚其情绪，许诺事情处理的期限。安抚技巧一般有如下几种。

**技巧运用 1：安抚情绪**

"您先消消气，别把身体气坏了，一切都好商量。"（站在业主的角度进行劝解）

**技巧运用 2：许诺期限**

"您放心，我们一定尽快为您解决，请给我们一点时间好吗？"

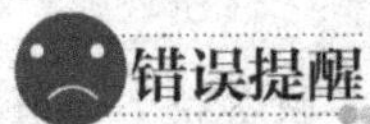
## 错误提醒

**针锋相对，丝毫不让。**

"我们有我们的规定，时间到了，自然会去清理。"

"随你吧，爱怎样就怎样。"

不顾业主的合理主张，想要在气势上"压倒"业主，这样容易火上浇油，使事情往更坏的方向发展。

# 情景 58　安全纠纷，有效防范

## 情景再现

“救命啊，快来人啊！小胡、小刘快来帮我，有人要伤害我。”

“胡哥，快看，那不是咱小区的业主林大哥吗？后面那些人拿着铁棍在追他，我们要不要去救他？”

“小刘，你傻啊？你没看到他们那么多人，手上还拿着铁棍。咱们就当作没看见，走！”

“可是，林哥是我们小区的业主，我们就眼睁睁地看着，怕是以后不好交代吧？”

“怕什么，他又不是在小区里面被人追杀，与我们有什么关系？”

“可是……”

“别可是了，多一事不如少一事。快点准备，王头等会儿要过来巡查了。”

小刘口中的林大哥是他们小区的一名业主，平时为人热心肠，也是他们那栋楼的楼栋长。今日不知什么原因，竟会被人这样报复。

后来因为有人报警，警察及时赶到，住户林先生才被送至医院进行紧急救治，经过治疗，已无大碍。

林先生事后想起这事，越想越不是滋味。身为业主，竟在小区门口、物业人员可以看到的地方被人追着跑。一怒之下，林先生将安保人员小刘、小胡及物业公司一起告上法庭，要求赔偿医药费、误工费及精神损失费等。

## 情景分析

作为小区安保人员，保证小区业主的人身安全是不容推卸的责任。

在上述情景中，保安小刘和小胡在明知业主有危险的情况下，依然选择袖手旁观，没有尽到安保人员应尽的责任。若不是警察及时到来，业主李先生的处境不堪设想。

## 技巧运用

**技巧运用 1：常培训，懂规定**

物业管理公司应经常对员工进行物业管理相关知识的培训，首先要懂法，其次才能守法、用法。物业人员只有知晓了自己的服务范围，才能更好地为业主服务。

**技巧运用 2：常巡逻，保安全**

筹建相应的巡逻队，给队伍配备警棍等装备，定期巡逻，确保业主的安全。

## 错误提醒

**错误提醒 1：人在小区外，发生问题与我们无关**

“又不是在小区里面，在小区外面与我们有什么关系。”

这种想法是不准确的，业主在小区外的可视范围内发生危险，物业也应该予以援助。

**错误提醒 2：多一事不如少一事，自身安全更重要**

“他们那么多人，一副凶神恶煞的样子，我们出去能有什么作用，还不是一样被打。”

物业承担小区的安全保护工作，包括保障小区的现状不被破坏及保护业主的人身、财产安全等方面。当出现危及业主人身安全的状况时，物业人员采取置之不理的态度是不可取的。

# 情景 59　停车纠纷，依约处理

## 情景再现

“你好，我想看一下监控，我的车子被人剐蹭了。”

“您好，请坐。您是哪一栋的业主，车辆停放在什么地方？”

杜小姐说道："我是×号楼的业主，我姓杜，车辆就停在楼前的停车场。"

"那您可以和我们具体说说，车是怎么被剐蹭的吗？"

说起这件事杜小姐内心郁闷不已，车是年前刚买的，因回老家就将其停放在停车场。今天返回后，想将车开出去清洗一下，结果发现车子右前方的叶子板有明显的剐蹭痕迹，车的油漆还掉了一片。

"杜小姐，不好意思。那几天刚好进行监控升级，你的车辆被剐蹭的场景没有记录下来。"

"那怎么办？我可是交了钱的，你们有责任保证我的车辆的安全。我这可是新车啊，你们得赔偿我的损失。"

"不好意思，杜小姐，我们只负责提供停车位，不负责车辆的安全。"

## 情景分析

物业公司是否应对小区内停放的车辆所发生的损害承担赔偿责任，应视具体情况而定，不能一概而论。

根据《物业管理条例》的相关规定，物业服务企业对物业管理区域内的安全防范工作是一种协助义务，发现服务范围内的不当行为应予以制止。

因此，小区内业主的车辆被划到底该不该由物业赔偿，要依据该小区《物业服务合同》的约定，看该物业公司是否有义务对小区内停放的车辆履行保管义务，未尽合同义务造成损失的则应承担赔偿责任。

## 技巧运用

**技巧运用 1：表示同情，安抚情绪**

首先对业主的丢车情况表示同情，安抚业主的急躁情绪。

**技巧运用 2：根据合同，合理赔偿**

查阅《服务合同》，告诉客户自身的服务职责，另根据合同内的相关规定对业主进行合理赔偿。

**技巧运用 3：加强巡逻，保证安全**

对业主承诺，今后一定加强巡逻，保证业主车辆的安全。

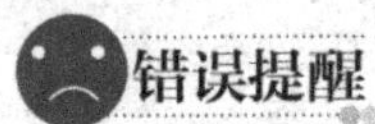

错误提醒：理直气壮，满不在乎

"你想怎样都行，怎么说我都有理。"

未熟悉《服务合同》的内容，强词夺理，容易引起业主反感，不利于后续工作的开展。

## 情景 60　空间占用，有序引导

### 情景再现

"赵大姐，你好。我是物业的小何。"

"小何啊，有什么事吗？"

"赵大姐，是这样的。我们前几天巡查的时候，看到您家的房门超出了规定区域 1 米，侵占了公共通道。根据相关规定，希望您能把房门恢复原状。"

"行，我过两天还原。"

"好的，赵大姐。谢谢您的支持，您先忙。"

三天后，小何再次来到赵大姐家，看到赵大姐家的房门依然没有复原。于是小何上前敲门。"赵大姐，我是物业的小何，您在家吗？"

"别敲了，我过两天就还原了，真是的。"

听了赵大姐的话，小何悻悻地走了，想着过两天再来看看。

又过了几天，小何再次到来，赵大姐家的房门依然照旧，这次敲门连回话的人都没了。

### 情景分析

《城市异产毗邻房屋管理规定》第 6 条规定：所有人和使用人对共有、共用的门厅、阳台、屋面、楼道、厨房、厕所以及院路、上下水设施等，应共同合理使用并承担相应的义务；除另有约定外，任何一方不得多占、独占。所有人和使用

人在房屋共有、共用部位，不得有损害他方利益的行为。

在本情景中，赵大姐家擅自将户门向公用楼道延伸 1 米，违反了上述规定及《物业管理管理公约》的规定，也影响了建筑物其他人的利益。所以赵大姐家须将户门拆掉重装，恢复楼道的通畅。

## 技巧运用

**技巧运用 1：有理有据，以理服人**

在问题发生的时候，及时拿出相关文件和规定，有理有据地劝说业主将占用的空间退还。

**技巧运用 2：知识普及，合法维权**

在协商无果时，物业人员应积极寻求法律援助，邀请律师或法律专业人士及时对业主进行物业常识与法律知识的普及，提升业主自觉守法、遵约的意识。

## 错误提醒

**错误提醒 1：不加商量，直接拆除**

“你们为什么随便拆我家门？我要去告你们。”

“你去告啊，随意侵占公共区域，你还有理了。”

不与业主商量，直接拆除占用公共空间的物体，容易激发业主的反对情绪，使得情势恶化。

**错误提醒 2：劝说无效，强行拆除**

“既然和你说了这么多次你都不听，那么我们明天就直接来拆了，别说我们没有通知你。”

拆门并不在物业的职责范围之内，碰上多次劝说无效的业主，应寻求法律的帮助，由相关执行人员出面解决。

# 情景 61 绿化纠纷，友好协调

## 情景再现

一直以来，小王对其所在小区的物业管理很不满意，小王认为自家所在小区的物业公司的管理很不到位，自己门口的绿化带被增设围墙铁栅栏、大小铁门等，造成绿化带严重破坏。小王因此对物业公司心存不满，拒绝交纳物业费。

物业管理人员小刘今天接到了催费的通知，去住户小王家里催收物业费。小刘用力敲了敲门说："收物业费，快开门！"敲门声吵醒了正在午休的小王，于是小王大声吼道："我家门口的绿化带都被不合理侵占了，你们不认错就算了，态度还这么恶劣，想让我交物业费？休想，有本事去告我！我等着！"

## 情景分析

物业公司的管理人员在面临业主推迟或不缴纳物业费的情况时，首先应该弄清楚业主推迟或不缴纳物业费的原因，是业主的原因还是物业公司的原因，这是处理业主与物业的纠纷非常关键的一点。

物业公司在本次事件中，未征求业主委员会的一致意见就擅自在小王家门口的绿化带增设围墙铁栅栏、大小铁门等，损害了业主的基本权益，导致了业主拒绝交纳物业费。另一方面，在催收物业费的过程中，表现出了暴力收费的现象，物业公司服务人员收费态度出现问题，不从自身寻求原因，不为业主着想，这些都是导致业主与物业纠纷的重要诱因。

## 技巧运用

**技巧运用 1：征建议，不擅动**

物业服务公司在进行公共设施建设时应该广泛地征求业主建议，在业主委员会民主决策通过之后再采取相应的措施。擅自决定共用部位、共用设施设收益的管理、使用、分配问题特别容易引起纠纷，是物业服务人员应该极力避免的。

征建议，不擅动，物业人员可以这样说：

“尊敬的业主，非常抱歉，我们没有征求过业主大会的意见就将绿化带进行改造，是我们工作人员的失职！”

“我们已经对相关人员进行了处罚！”

技巧运用 2：善读心，勇担责

物业管理公司在进行小区绿化维护和改造的过程中，需要充分尊重业主大会的意见，不得擅自动工，如果确实发生了类似的行为，导致业主受到损失，物业管理公司应该承担相应的责任，给予业主相应的赔偿，取得业主的谅解，以免导致事态扩大。

善读心，勇担责，物业人员可以这样说：

“我们将会适当地减免您的物业费，以弥补您的损失！”

“今后我们将严格管理物业团队，在进行小区绿化改造时广泛征求业主的建议！”

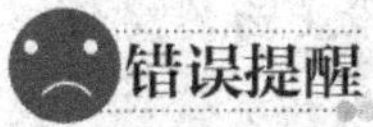

## 错误提醒

错误提醒 1：忽视业主，擅做主张

“我们已经发过通知和广播了，你没注意吗？”

“我去你家提醒过你了，你不在家！”

“我们之前通知业主委员会了，委员会也表决通过了，你不知道吗？”

“就算是我们的错，物业费还是得交！”

上述都是典型的忽视业主、擅做主张的行为，对服务行业来讲是一种很不负责任的行为，是物业服务人员应该规避的行为。

错误提醒 2：拒绝认错，态度蛮横

“绿化带设铁栅栏也是为了业主安全着想，我们有错吗？”

“你都一年不交物业费了，这也怪我们吗？”

“那咱们走着瞧！”

收取物业费是非常敏感的工作，特别是在收费的一方也有过失的情况下，就必须要非常小心了。物业服务人员有权要求业主补交物业费，但应该保持良好的态度，适当地妥协认错，取得业主的谅解。

## 情景62　电梯纠纷，合理调解

### 情景再现

某小区物业服务企业因为公共电梯区域能源费用过高，物业公司领导层提议增收电梯使用费。

该区物业相关负责人小张拟好了《关于增收物业费——电梯使用费的通知》，决定通知业委会相关事宜。小张找到了业主委员会的李先生，对他说："李先生，因为电费和其他能源费用的上涨，小区的物业开支增加了，我们决定加收电梯使用费，这是通知，你转给其他人看看吧，明天开始执行！"李先生一听，大为震惊："什么，加收电梯使用费？物业费已经包含了这项费用吗？而且还要明天就执行，其他业主一定不会同意的！我们也不会在上面签字的！"小张看到李先生强硬而拒绝的态度，决定跟领导王经理反映一下相关情况。王经理知道后，对小张说："既然如此，我们物业也不该承担相关的损失，把电梯停了吧！"

于是，物业公司擅自将28层高楼住宅电梯强制停运，导致业主出行十分不便。业主多次与物业管理人员协商，要求恢复电梯运行，均未得到及时合理的回复。

### 情景分析

小区电梯作为小区配套的设施设备，属于全体业主所有，其占有、使用、收益等权利由业主共同享有和行使，小区的物业管理人员无权以任何理由停掉电梯。如果关停电梯，造成业主财产损害或者生活不便，则物业服务企业不但应当给业主一个合理的交代，还应该赔偿业主由于小区电梯停用而产生的损失。

## 技巧运用

**技巧运用 1：尊重业主，征求意见**

物业服务人员在对小区的公共设备进行管理时，应该严格遵守相关的法律法规和合同约定，尊重业主的意愿，征求业主的意见，采取合理的方式表达自己的诉求。

**尊重业主，征求意见，物业人员可以这样说：**

“尊敬的业主，您好，此次上门是有一件重要的事情来跟您商量！”

“因为电力公司增加了 0.5 元/度的电费，导致小区的电梯维护费用增加了不少……”

**技巧运用 2：配合协商，积极解决**

物业管理人员在与业主进行沟通的过程中，需要格外注意自己的一言一行，因为你代表了物业公司的形象。与业主发生电梯纠纷时，如果是自身的原因，物业公司应该积极与业主协商，主动解决业主遇到的难题。

**配合协商，积极解决，物业人员可以这样说：**

“您的意见我已经收到了，我会积极向上级反映的，明天就会有结果的！”

“对于因为电梯停用给业主造成的不便，我们深感抱歉！”

## 错误提醒

**错误提醒 1：为减开支，不遵合约**

“我们不是故意要收电梯使用费，是因为电费增加了，这能怪我们吗？”

“领导说要增加费用，跟我有什么关系？”

“说我们不按合同来办事，合同里没说，那是因为合同是以前签的呀！”

“不就是每个月多交几十块钱吗？至于吗？”

上述都是典型的为了节约自身的开支而盲目增加业主开支导致业主损失的行

为，违背了基本的物业管理合约，是物业与业主产生纠纷的重要原因。

**错误提醒 2：擅停电梯，态度恶劣**

“你们不缴费，从明天开始就别用电梯了！”

“我该说的都说完了，你们还是不听，我也没办法了！”

“你们住高层，以后爬楼梯，就当是锻炼身体呀！”

“既然你们说电梯不好，那以后就别用了！”

如果物业人员都以这样的方式和态度与业主沟通，想必在进行物业管理的过程中一定会困难重重。不经过业主的同意就擅自停用电梯，而且态度极不友好，都是物业服务人员不专业、不尊重业主的表现，这对小区的管理是非常不利的。

# Chapter 6

# 第 6 章

## 受理投诉要公心

- 耐心倾听，及时回应
- 将心比心，表示理解
- 诚恳道歉，表明态度
- 积极协商，达成谅解
- 务必给出实质性答复
- 投诉回访，必不可少
- 二次投诉，谨慎处理
- 不合理投诉也要回应

## 物业服务人员工作日志

★物业服务中心接到业主投诉，说停车场管理存在问题，主任让我去跟他们解释。没什么好解释的吧，这是管理条例里明文规定的啊……

★业主向中心投诉我服务态度差，但我自认为没有做错什么，我该怎么和业主沟通呢……

★上周已经处理了业主投诉，但是这周业主再次打电话投诉，还是同样的问题、同样的抱怨，我到底该怎么做才能打消业主的疑虑呢……

# 第 1 节　直接处理

## 情景 63　耐心倾听，及时回应

### 情景再现

某天，物业服务中心的周薇接到了一个业主打来的电话，刚一接通就听到业主在电话那头很暴躁地投诉道：

“我家楼上在装修，大半夜的还在施工，你们物业服务中心怎么也不管一下？”

“我家里还有孩子，现在我都觉得耳朵里嗡嗡作响，更别说小孩了，这么晚连觉都没法睡啊。”

“还有啊，不光晚上施工，连中午也不歇着，这让我们怎么休息啊！”

“我去说了好几次，人家还是照常干，根本不当回事！”

……

面对这位业主的投诉，周薇该如何应对呢？

### 情景分析

这位业主在对楼上装修的邻居劝说无效后，选择了向物业服务中心进行投诉。一直生活在充满装修噪声的生活环境中，这位业主的心中显然已经充满了不满的情绪，于是将矛头指向了物业服务人员。

面对此种情况，周薇应考虑到以下几点：第一，业主处于发泄不满的状态，他需要一个倾听的对象；第二，业主情绪不稳定，在应对时应首先安抚业主的情绪，使其稳定下来；第三，业主投诉的目的是需要物业服务中心的协助，要为其提供一个切实有效的答复。

## 技巧运用

物业服务人员经常会收到来自业主的电话投诉或当面投诉，投诉的内容也是多种多样，但是投诉的目的不外乎一点——发泄不满的情绪，期望得到切实的回应。所以，当物业服务人员遇到投诉情况时，应当做到耐心倾听、及时回应，可以按照以下几个步骤受理投诉。

首先，要做到认真聆听，并对业主的投诉做出口头的回应，例如“嗯”“这样啊”“您是说……”，表现出对业主的重视。

周薇可以这样说：

“嗯，您说的我已经记录下来了！”

“您是说您家楼上的邻居中午和晚上还一直在装修，是吗？”

其次，物业服务人员应以肯定的态度把业主的情绪稳定下来，在肯定之后要注意不要在承认对方正确之后再加上“但是”“不过”的字眼。

周薇可以这样说：

“这的确是个问题……”

“晚上还在施工肯定是不符合规定的。”

“感谢您主动指出这个问题，这是我们的失责。”

再次，物业服务人员在肯定业主所投诉的内容之后，可采用同情、安慰的方法进一步安抚业主的情绪。

周薇可以这样说：

“我很能理解您现在的感受，装修的噪声确实很影响日常生活。”

“这的确是一个很让人头痛的问题，您这几天肯定很难熬吧！”

“您先别着急，我们肯定会尽全力帮您处理好的。”

最后，物业服务人员应向业主提供一个明确的前去处理的时间，如果是当面投诉，最好能在第一时间进行处理。

周薇可以这样说：

“我马上将您的情况反映给我的上级，半个小时以内就会有人上门帮您处理。”

### 误区一　打断业主的投诉

“行了，我知道你要说什么了。”

“你说了一大堆了，我还没弄明白你要说什么，能不能说重点?”

业主的投诉过程不仅仅是简单地讲述问题的过程，更是一个发泄的过程。他们往往需要一个能够倾听的对象，所以物业服务人员尽量不要打断业主的投诉，而应耐心地倾听业主的投诉。

### 误区二　模糊回应

“工作人员大概明天中午去处理。”

“我们会尽快的!”

物业服务人员在受理投诉时，应避免出现上面的回应方式，而应该尽可能在有把握的范围内给予业主一个准确的回应，这样才能让业主相信这不是敷衍之词。

## 情景 64　投诉回访，必不可少

### 情景再现

某天，小区业主王先生气冲冲地来到物业服务中心。

“前两天我家的地漏不下水了，给物业服务中心报修了，你们倒是派了一个人来看，他当时说先给我暂时打通，但是建议我最好把地漏换掉，防止以后再堵住，我答应了。”

“但是这都过去好几天了，也没见有人来给我换地漏啊！这到底是什么情况?你们必须得给我个解释!”

物业服务人员李宇找到了当时给王先生服务的小周。

小周很是委屈，说：“我确实是那么说的。但是我的意思是让他自己买个地漏换上就可以了，并没有说我要再次上门给他换新的呀!”

## 情景分析

业主认为物业服务人员会再次上门帮忙更换地漏，而小周的意思则是业主自己更换便可以了，两人在表述和理解之间出现了偏差，从而引发了业主和物业服务中心的矛盾。

其实，细想来看，引发矛盾的根源不仅仅只是出现了理解偏差，还有一个更隐蔽的原因——缺少投诉回访环节。

如果物业服务人员能够及时回访业主，便很容易从业主的口中得知业主的想法，也就不会发生业主气冲冲上门要个说法的情况了。

## 技巧运用

人们的生活水平在提高，需求也在增长，如果物业服务人员不能经常与业主进行沟通交流，就很难准确把握业主的真正需求，服务质量自然也就难以提高。所以，物业服务人员在受理业主的投诉后，对业主进行回访是十分有必要的。

在处理完业主的投诉后，物业服务人员应及时对业主进行回访。就回访工作的表现形式来看，主要有电话回访和上门回访两种形式。

**物业服务人员可以这样说：**

“您好，王先生，我们是物业中心的服务人员，对于您昨天的报修，我们上门回访一下。”

“王先生，您好，我是物业中心的服务人员，打扰您了，请问您现在方便接电话吗？……好的，给您打电话的目的是想了解一下您昨天投诉的情况今天处理得怎么样了？您对处理方式满意吗？”

当业主接受物业服务人员的回访后，不外乎传达两种信息：一是对投诉处理结果十分满意；二是对投诉处理结果还有意见。

当遇到第一种情况的时候，物业服务人员可以趁热打铁，通过提问的方式向业主征询意见和建议。

**物业服务人员可以这样说：**

“您觉得我们还应该加强哪些方面的服务？”

“您对我们的服务有什么意见和建议呢？”

“您对我们的服务有不满意的地方吗？”

当遇到第二种情况的时候，物业服务人员应将业主的不满之处作为新的投诉内容重新纳入投诉受理环节。

**物业服务人员可以这样说：**

“不好意思，因为维修工的技术不够纯熟给您添麻烦了，我马上联系技术最好的维修组组长上门为您服务。”

“感谢您提出的宝贵意见，我们会在以后的工作中严格把关，争取给您提供最优质的服务。”

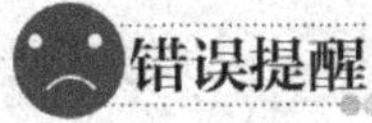

## 误区一　与业主辩驳

“您反映的这个情况我们知道，这是在我们管理规定之内的。”

“我没觉得我们的服务人员有什么过错。”

“这是绝对不可能的，我们的服务人员不会这么做的。”

当业主就物业服务人员的提问提出某些意见时，不管意见是对还是错，都不应立即反驳甚至否定业主，可以采取委婉折中的方式回应业主。

## 误区二　持怀疑态度

“您确定您说的这个问题是真的吗？”

“嗯，好吧，我先记下来，回去再和当时的服务人员确认一下。”

“您再仔细回想回想，是不是有误会的地方？”

当物业服务人员说出上面这些话的时候，很容易传达给业主这样的信息：他怀疑我在说谎。业主很可能会因此心生不快。

# 第2节　协调处理

## 情景65　将心比心，表示理解

### 情景再现

某日，业主李先生到物业服务中心投诉。

“我们单元里有一户人家养了一只狗，昨天下午我带儿子在楼下玩，正好遇见这只狗狂叫，都把我儿子吓哭了，你们赶紧管管吧！”

“再这样下去，我以后带孩子下楼都提心吊胆的！”

物业服务人员付华在听完李先生的投诉后，得知李先生的儿子虽然被吓哭了，但并没有受伤，于是说道：“狗只是叫了几声而已，也没有发生什么大事嘛！”

“还有，据我所知，他家养的是一只小型犬，并且已经办理了相关手续，是符合小区规定的。这样的话，我们也没有什么办法，您只能多和您的邻居沟通沟通了。”

李先生听到付华这样说，很是生气，认为物业服务中心相当不负责。

### 情景分析

李先生的儿子被突然大叫的狗吓哭了，这是他投诉的内容，也是一个很简单的事情。通过李先生的讲述，我们可以看出其实他也没有任何过分的要求，只是从一个父亲的角度出发，不希望儿子以后再受到惊吓而已。

面对李先生的投诉，付华并没有深入思考李先生的内心感受和真实想法，同时，他选择了站在李先生的对立角度，完全没有为李先生的处境考虑。

这本来是一个可以很容易解决的事情，却因为付华错误的沟通方式激起了业主与物业服务中心的矛盾。

## 技巧运用

戴尔·卡耐基曾说："与人相处能否成功，全看你能不能以同情的心理，体谅和接受他人的观点。"在面对业主的投诉时，物业服务人员也应做到站在业主的立场回应投诉，很多时候，这是一种效率极高的投诉处理办法。

物业服务人员在倾听完业主的投诉后，首先应在第一时间关心业主的实际情况，询问是否给业主的生活造成了困扰等。

**付华可以这样说：**

"哎呀，怎么会这样？您的儿子没有摔着碰着吧？现在怎么样了？我下午抽个时间去看看您儿子。"

当物业服务人员这样说的时候，业主的沟通方向很有可能已经发生了转移——由气愤的投诉转移到了对物业服务人员的回应，例如，"倒是没有摔着碰着""不用，不用，您有这份心就足够了"。此时，业主的情绪也可能已经趋于平和。

其次，物业服务人员应在此基础上，站在业主的角度表达对业主的同情和理解，进一步缓和业主的情绪。

**付华可以这样说：**

"如果我是您，我也会特别担心的。毕竟孩子还小，以后下楼咱可得多注意了！"

"我很能理解您的感受，自己孩子被吓得直哭，您作为家长肯定特别心疼。"

最后，物业服务人员还应考虑到业主迫切要求物业服务人员帮助解决的需求，提出具体的应对办法。

**付华可以这样说：**

"您说的这个事情确实是个问题，我们也正在拟订关于倡导小区内文明养狗的规定，最晚这个月末就会推行。在还未开始推行的这段时间里面，您先多担待着点，带孩子出门时多注意一下。谢谢您的理解！"

### 误区一　自说自话

“鸡毛蒜皮的小事也拿来投诉。”

“着急什么啊，我们又不是不派人去管。”

当物业服务人员说出上面这些话的时候，显然是没有体谅到业主的需求，也没有站在业主的角度考虑事情的重要性和急迫性，很容易造成业主和物业之间的矛盾。所以，应避免站在自己的立场“自说自话”的误区。

### 误区二　客观处理

“这也不能全怪你的邻居……”

“你也有不对的地方。”

虽然物业服务人员应站在客观的角度受理投诉，但是面对一些特殊的情况，过于客观地说出实际情况，很可能导致已经有所不满的业主更加气愤。此时，应特事特办，首先把业主的情绪安抚下来，再向其说明道理。

## 情景66　诚恳道歉，表明态度

情景再现

千鹤小区安排入住后不久，物业服务中心就接到了5号楼某单元102室业主的投诉：

“地下室水泵发出的噪声严重干扰了我和家人的睡眠，你们赶紧找人来看一下吧！”

“真不知道当初怎么选了这个小区，别的小区一楼的住户也没有出现过这个情况。”

“你们应该派人来体验一下我们的痛苦！看你们受不受得了！”

该业主在电话里向物业服务人员刘丽抱怨了很久，刘丽始终没有表现出不耐烦的情绪。

她以温和的态度向业主致歉道："很抱歉给您的生活带来了不便，我们会马上安排相关人员前去勘察！真的很抱歉！"

业主听到刘丽的回答，态度也渐渐软了下来。

## 情景分析

作为物业服务人员，刘丽的做法是可圈可点的：

第一，面对业主良久的投诉，她并没有失去耐心；

第二，刘丽在倾听完业主的投诉后，向业主诚恳地表达了歉意；

第三，刘丽随后向业主表明了积极处理投诉内容的态度。

一般来说，业主不会无缘无故找上门投诉，很有可能是小区里的某个情况或物业服务中心的某个做法引起了业主的不满。

刘丽尊重业主的投诉，没有对业主的投诉内容持怀疑态度或采取推卸责任的做法，并且满足了业主的迫切需求——马上安排人员解决问题。

刘丽通过这种做法高效率地对投诉进行了处理，得到了业主的认可。

## 技巧运用

面对业主的投诉，物业服务人员在确定此投诉内容确实与物业服务中心存在一定关系后，应在第一时间以诚恳的态度向业主表示歉意，获取业主的谅解。

物业服务人员在道歉时可以通过以下几种方式向业主传达诚恳的态度。

1. 道歉时不找借口。如果确实是物业服务中心失责，物业服务人员在道歉时一定不要再找借口辩解或推脱，否则容易给业主留下推卸责任的印象。

2. 道歉时要落落大方，即使存在过错，也不能唯唯诺诺、躲躲闪闪。物业服务人员是为业主解决问题的，在处理投诉时应表现得落落大方，这样才能减轻业主的质疑，赢得其信任。

**物业服务人员在向业主道歉时，可以这样说：**

"真是抱歉，由于我们没能及时发现水泵发出的噪声，给您的生活造成了很大的麻烦！"

"您的问题我已经清楚了。首先我代表物业中心诚恳地向您表示歉意，请您接受我们的道歉！"

随后，物业服务人员还应就业主的投诉内容向业主表明态度，例如告知客户如何处理，给予客户确切的处理时间，表明物业服务中心一定会负责到底的决心等，给业主吃下“定心丸”。

**物业服务人员在向业主表明态度时，可以这样说：**

“为您解除噪声带来的干扰是我们物业中心的责任，我们会在勘测完实际情况后给您一个确切的答复。”

“您稍等片刻，我马上联系维修组的人员和您一起去看看，您可以在路上向他们详细说一下具体情况。”

“请您放心，我们会竭尽所能帮助您解决问题的。”

## 错误提醒

### 误区一　以硬碰硬

“觉得这个小区不好，你可以搬走啊！”

“你即使投诉到物业经理那里，我的态度也还是这样！”

“地下室水泵怎么可能有噪声呢？你肯定弄错了！”

业主本就因为物业服务中心的失责变得情绪激动，如果此时物业服务人员采用硬碰硬的方式应对业主的投诉，可能会导致产生更严重的后果。

### 误区二　推卸责任

“这是开发商的问题，你去找开发商吧！”

“这不归我们管！”

“楼房在建的时候就已经这样了，现在还怎么改？”

出现问题，物业服务人员应积极帮助业主们解决，而不能一味地推卸责任。

# 情景 67　积极协商，达成谅解

## 情景再现

顺景田园小区是一个新入住的小区。因为天然气公司延迟开通天然气，一位

业主气冲冲地上门投诉了。

“你们之前跟我说只要住进来就能开通天然气的，现在我都已经住了一个星期了，天然气还是没通！”

“你们办事效率太低了，而且还没有诚信，让我们业主以后怎么相信你们？”

物业服务人员李唯向业主解释道：“对不起，原来天然气公司给我们发的通知是 7 月中旬就可以开通的，您住进来时正好是 7 月中旬，所以，我们才会给您保证只要住进来就能通天然气。但今天他们又发来了延期通知，我们也是刚接到这个通知的。”

虽然李唯的回答有理有据，但是仍然引起了业主的不满。

“我不管什么通知不通知的，我总不能天天出去吃饭吧？我现在就需要用天然气做饭，你们看着办吧！”

面对业主的投诉，物业服务人员应该如何应对呢？

## 情景分析

天然气没有及时开通这事虽然和物业服务中心没有直接关系，但是服务中心向业主做出了 7 月中旬开通天然气的承诺，这是一个明确的事实。

面对这位业主的投诉，物业服务人员据理力争，寻找理由为自己开脱，显然不是第一选择。此时，物业服务人员应首先与业主积极协商，取得业主的谅解，才能缓和业主的情绪。

## 技巧运用

物业服务人员是为业主服务的，面对业主提出的问题，如果物业服务人员能够凭借人力物力解决，应在第一时间帮助解决；如果物业服务人员无法通过现有的资源解决业主的难题，可以通过与业主协商的方式，获取业主的谅解。

面对业主的投诉，物业服务人员首先应认真解释问题的起因，消除业主的误解。同时物业服务人员应以真挚的态度向业主道歉，注意避免出现推卸责任的情况。

**物业服务人员可以这样说：**

“真是抱歉，这都是我们的失误，之前天然气公司发通知说 7 月中旬开通天然气的，但是我们没有考虑到可能出现的变故，没有提前跟您说明。您住进来一个星期都没有开通天然气，给您的生活添麻烦了！”

“这都怪我们，没有提前对天然气的开通时间进行再次确认，并且在没有确认的情况下就向您做出了7月中旬开通的承诺，真是很不好意思。我代表物业中心向您表示诚挚的歉意！”

其次，物业服务人员应就业主的投诉，找出业主的真实需求，以便对症下药，找到协商的方向。

★ 途径1：通过直接询问或旁敲侧击的沟通方式，找出业主的真实需求。

★ 途径2：捕捉业主投诉内容中的细节，找出业主的真实需求。

**途径1示例：**

“您能详细向我说一下这个问题给您的生活带来了哪些困扰吗？我们看看如何为您提供最大的帮助。”

**途径2示例：**

业主：“我不管什么通知不通知的，我总不能天天出去吃饭吧，我需要用天然气做饭，你们看着办吧！”

分析：该业主的最大困扰是无法做饭，物业服务人员可从这个方向受理投诉、解决问题。

最后，物业服务人员应就业主的投诉内容和困扰，给出切实可行的解决方案。

**物业服务人员可以这样说：**

“您看这样可以吗？我给您提供一罐液化气，您先用着，天然气开通后我第一时间通知您！”

“我根据您的讲述，大致拟定了三个解决方案，您看看哪个更适合您，如果有问题咱再商量。”

## 误区　不予协商

“我们也没有好的办法，你只能再等等了！”

“这件事情和我们没有直接关系，我们也只是负责传达而已。”

面对业主的投诉，物业服务人员应避免不作为、推脱等应对方式，能通过协商解决的投诉尽量协商解决。

## 情景 68　待定事项，明确答复

### 情景再现

一天，物业服务中心的王经理在小区内遇到了业主刘先生。刘先生拉住了王经理，向其抱怨了起来。

“小区围墙外摆摊的太多了，而且正好在我住的 10 号楼下边，每天早上喧闹声特别大，油烟味也很大！”

“还有啊，那么宽的路都被各种小摊、小推车占满了，严重影响了我们住户的车辆出行，既耽误上班时间又很容易出现剐蹭事故，希望王经理你们能尽快处理一下这个问题。”

王经理在听完业主刘先生的投诉后，感觉这个问题比较难处理，于是便应付地对刘先生说：“这个问题解决起来有点难度……好的，我知道了，先这样吧，有什么进展我再和您联系。”

随后，王经理快步离开了。

### 情景分析

刘先生听到王经理的简单回复会产生什么样的想法呢？我们来换位思考一下：

1. 王经理说这个问题处理起来有难度，那么到底是处理还是不处理？

2. 我只跟王经理说了我住 10 号楼，没有说是哪个单元哪个房间，他怎么和我联系？

3. 王经理看起来不是很重视这个事情，我是不是需要再去物业服务中心专门反映一下这个事情？

4. 如果物业服务中心不能帮助解决难题，我是否需要动员 10 号楼的其他业主一起抗议呢？

以上这些都是刘先生心中极有可能出现的想法。所以，为了避免事态扩大，王经理应该本着服务业主的态度，在接到刘先生的投诉后给出一个实质性的答复。

## 技巧运用

业主投诉的情况是多种多样的，有些时候，投诉的内容也未必全部是有根据、有理由的。但是，如果物业服务人员能够在第一时间处理业主的投诉，并给出实质性的答复，就可以更有效地解决问题。

一般情况下，业主的投诉内容可分为两种情况：一是可以当场解决的投诉；二是无法当场解决的投诉。

第一种情况相对简单，例如业主房顶漏水，要求物业服务人员上门查看等。面对这种情况，物业服务人员在沟通时应向业主提供一个确切的解决问题的时间或方式，这是处理此类投诉最重要的地方。

**物业服务人员可以这样说：**

"您现在在家吗？在家是吧？好的，请您说一下您家的门牌号，我马上联系维修组，他们会在半小时以内上门修理的。"

"您是说物业中心的维修工小李存在随意收费的问题？我了解了，您看这样可以吗？您抽个时间到物业中心来一趟，到时候请王经理和您一起讨论一下这个事情。"

第二种情况相对复杂，例如业主投诉邻居家半夜放音乐、单元里有人养公鸡、小区大门口的环境需要整治等。面对这种情况，物业服务人员需要与第三方进行沟通后才能给予业主实质性的答复。此时，物业服务人员应给业主吃下"定心丸"，然后告知业主会在某个时间与其联系，通知进展情况。

**物业服务人员可以这样说：**

"您反映的这个事情，也是我们物业中心正要打算处理的事情。这样，请您留一下联系方式，有进展的话我会在 3 天之内和您联系的。"

"感谢您能够发现问题，并向我们提出这个问题。这确实是不符合小区规定的，我们会马上派人处理，处理完后给您打电话。"

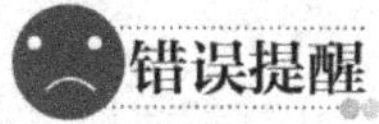


### 误区一　随意应付

“我知道了！”

“我会帮你反映的！”

“改天再和你联系。”

当物业服务人员说出上面的话语时，很容易使得业主萌发这样的想法：我的投诉已经石沉大海，不会有回应了。所以，物业服务人员在回应投诉时应避免出现随意应付之类的话语。

### 误区二　回避责任

“我不太清楚……”

“这个问题处理起来有点难度，我尽量吧！”

大多数业主来投诉的目的都是解决问题的，物业服务人员不能因为自己不清楚、处理起来难度大就一味地推卸责任。

## 情景69　二次投诉，谨慎处理

**情景再现**

某日早上8点，物业服务人员李娜准时坐在了物业服务中心的前台接待位置，8号楼二单元302室的业主郑小姐突然“闯”了进来。

郑小姐情绪激动地说道：“我的楼上，也就是402的住户每天晚上都跳舞，而且一直持续到半夜，严重影响到了我的睡眠。我今天凌晨3点多才睡着！”

“上周我都已经和你们物业服务中心反映过了，你们倒是派人来处理过，但是不管用啊！这几天402的住户还是和之前一样，你们到底怎么办事的呀？”

“是不是拿我们业主的话当耳旁风啊？再处理不好，我就投诉到你们经理那里去！”

面对二次上门投诉的业主，李娜该如何应对呢？

## 情景分析

二次投诉的业主一般具有以下特征：

1. 情绪更加激动；
2. 更为迫切地想要解决问题；
3. 对物业提供的服务强烈不满，认为自己受到了物业服务中心的轻视；
4. 对物业服务人员产生不信任感。

业主之所以会发起第二次投诉，是因为第一次投诉之后，问题没有被彻底地解决，才不得不发起第二次投诉。这些特征如同一个个“地雷”，物业服务人员在应对时稍有不慎，就很有可能引爆业主的情绪。

## 技巧运用

通过上面的分析，我们可以看出：面对业主的二次投诉，物业服务人员应更为谨慎地对待。很多时候，即使被投诉的一方并没有做错，但只要被业主再次投诉，就意味着自己做得不好，没有达到业主的要求。所以，当面对二次投诉的业主时，物业服务人员应注意以下几个沟通要点。

**要点 1**：二次投诉的业主的情绪比一次投诉时显然会更加激动，此时，沟通的重点在于安抚业主的情绪。

安抚业主的情绪需要物业服务人员做到以下三个方面：

第一，不予争辩；

第二，耐心倾听业主的投诉内容；

第三，虚心接受业主的批评。

> **物业服务人员可以这样说：**
>
> “是我们的工作没做到位，给您的生活添麻烦了，真是抱歉！”
>
> “我刚才查看了一下登记表，您上周确实到物业服务中心反映过这个事情，处理结果一栏还是空白，确实是我们没有处理好。”

**要点 2**：语气平缓地向业主询问事情的来龙去脉，以便对症下药，找出稳妥的处理方案。在业主讲述的时候，物业服务人员应做好记录。在记录事件经过的时间里，业主会逐渐放慢语速，情绪也会进一步趋于稳定。

**物业服务人员可以这样说：**

“郑小姐，您能向我详细地说一下事情的经过吗？我好根据您的讲述找到问题的根源，并向您提供最佳的解决方案。”

**要点3**：适时搬出上级。这样做的原因是上一级的主管人员由于职位较高，在观点及语言上更具有权威性，更能够得到业主的认可；同时，这种做法也会给予业主被重视的感觉。如此一来，物业服务人员处理起二次投诉来也会更加顺利一些。

**物业服务人员可以这样说：**

“正好我们王经理今天在公司，他在处理这些事方面经验非常丰富，我把他请来帮您处理一下吧！”

**要点4**：必须给出稳妥的处理方案。业主二次上门投诉，必然对存在的问题已经到了无法忍耐的地步。所以，在沟通的最后，物业服务人员应给予业主一个稳妥的处理方案，这是处理投诉的重中之重。

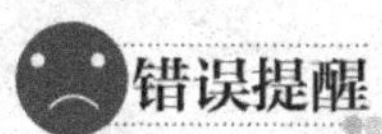

## 误区一　与业主争论

“我查过了，这根本不是我们的问题，而是你的问题。”

“你这样说就不对了，我们辛苦上门为你服务，你却诬赖我们不干实事……”

在业主情绪比较激动的情况下，即使业主有无理争辩的情况，物业服务人员也不应抓住业主的错误与其据理力争，并说出一些过激的话语，这样只会将矛盾进一步激化，而无法解决实质性问题。

## 误区二　凭借主观臆想便作出是非判断

“我们怎么可能犯这种错误呢，你肯定弄错了！”

“我根本不用打电话确认就知道……”

对于业主的任何一次投诉，尤其是二次投诉，物业服务人员都应从多方面查清前因后果，然后再作出是非判断，只有这样，才能得到业主的信服，使问题得以圆满解决。

# 情景 70　无理投诉，巧妙应对

## 情景再现

某天，天天物业服务中心接待了一位怒气冲冲的业主周先生。

周先生："你们是怎么办事的？我们单元电梯前有水迹，把我家孩子摔倒了，现在正在住院。"

物业服务人员李梅："每天大大小小的事一堆，我们哪管得了这么多啊！"

周先生听到李梅这么说，更生气了："电梯是由你们物业服务中心的保洁人员负责的，你们不管谁管！物业服务中心必须全额赔偿我的损失，包括我的误工费以及孩子的住院治疗费、营养费和精神损失费！"

物业服务人员李梅认为周先生是在无理取闹，于是对周先生说："电梯前的水也不是我们泼的，谁泼的你找谁赔偿去，我们可没有义务承担这个责任。"

李梅的这种做法对吗？

## 情景分析

李梅的做法显然是十分不可取的。通过案例，我们可以看出：这位业主要求物业服务中心全额赔偿自己的损失在某种程度上来说是不合理投诉。但是追根溯源，我们或许能够从另一种视角看待，获得新的启发。

这位业主上门投诉的初衷可能是想要发泄一下心中的不满情绪，并希望该问题引起物业服务人员的重视。但是由于物业服务人员漠然回应的态度，该业主才由发泄不满转向了要求全额赔偿。

如果服务人员李梅在接到业主投诉时，能够积极诚恳地代表物业服务中心向该业主表达一定的歉意，也就不至于出现上面的情况了。

## 技巧运用

当物业服务人员面对业主的不合理投诉时，应该要做到积极地回应对方，而不应因为自己有理有据而采取漠然处之、任其发展的态度。在与业主沟通时，物业服务人员需要注意以下内容。

物业服务人员应树立这样一个观念：不论业主的投诉是否合理，在受理投诉的时候都应当保持冷静，并坚持使用礼貌用语。

**物业服务人员可以这样说：**

“周先生，您请这边坐，我给您倒杯水，然后咱再细细说……”

“王小姐，感谢您来我们物业中心反映情况……”

“周先生，感谢您对我们物业工作的监督和支持……”

业主会提出不合理的投诉，有可能是因为对物业管理规定的不了解，也有可能是想要发泄一下心中的不满情绪。所以，物业服务人员在倾听时应针对投诉内容作出正确的判断。

当业主是因为第一种情况而进行不合理投诉时，物业服务人员应耐心向其解释相关物业管理规定，使其明晰自己的不合理之处，从而收回投诉。

**物业服务人员可以这样说：**

“王小姐，您看，这是新出台的《物业管理条例实施细则》……”

“王小姐，耽误您几分钟的时间，容我向您详细解释一下……”

当业主是因为第二种情况进行不合理投诉时，物业服务人员最好不要硬碰硬，应适当做出合理的让步。

**物业服务人员可以这样说：**

“周先生，您所反映的问题我可能无法立即给您解决，请您留个电话，我们会及时和您联系的，好吗？”

“周先生，您所提出的情况确实和我们的工作不到位有关系，您告诉我孩子现在在哪家医院，下班后，我和经理一块去医院看看孩子！”

“周先生，我们会谨慎对待您提出的这个问题，请您放心，随后我们便会对保洁人员进行相关培训，保证这种情况以后不会再发生。”

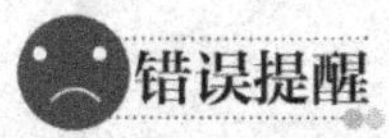


## 误区一　假意答应

“你放心回去吧，我会帮你处理好的。”

有时，物业服务人员为尽快摆脱无理取闹的业主的纠缠，会在表面上答应业主的不合理要求，但事后并不采取行动兑现承诺，这种做法往往遗患无穷。

## 误区二　过于直白

“对不起，物业管理条例有规定，你所投诉的内容不在我们的服务范围内。”

此类过于直白的话语虽然“话糙理不糙”，但是却向业主表达出了“不要再无理取闹”的意思，流露出了不尊重的意味。所以，应尽量避免此类话语。

# Chapter 7

# 第 7 章 收取费用要交心

- 账目公开，逐项分解费用支出
- 晓之以理，解答业主收费异议
- 充分沟通，顺利推进涨价方案
- 追根溯源问清拒交费用的原因
- 锲而不舍催收拖欠物业管理费
- 有理有据收取违约金或赔偿金

## 物业服务人员工作日志

★每次去收物业管理费，就好像跟业主们进行一场又一场无硝烟的战争，让人身心俱疲，有没有什么措施可以解决这个难题……

★业主们对物业管理的各项费用支出存有疑问，因此我去跟他们一一详细解释，但无论怎么解释，他们还都是有所怀疑……

★最近水电费都涨，我们必须向所有业主说明涨价方案，该怎么样说才能让他们接受呢……

# 第 1 节　费用问题

## 情景 71　费用支出，项目公开

### 情景再现

一天，月光小区的一些业主们聚在一起聊天，当聊到物业管理费这个话题时，大家似乎都有很多怨言和不解之处。

业主 A：“我都交了这么久的物业管理费了，也不知道物业管理费到底包括些什么？”

业主 B：“且不说咱不知道物业管理费包括些什么，咱连这笔钱到底怎么花的都不知道。”

业主 C：“说的是啊！虽然钱不算太多，但这么多年的加在一起也不少了，却没人站出来给个说法。”

业主 D：“咱们可不能稀里糊涂地交这些钱，得让他们公开收支账目，咱得做到心中有数。”

业主 E：“是啊，再这样糊弄下去，他们下次收费的时候我就不交了。”

业主 F：“就是就是，到时大家伙齐心点，谁都别交！”

### 情景分析

根据上面几位业主的聊天内容，我们可以看出，此小区的物业服务人员在收取费用时缺乏必要的解释，在支配费用时也没有做到公开透明，导致这些业主对物业服务中心产生了怨言，很可能会对物业服务中心后续工作的开展产生影响。

物业收费是否合理、收支账目是否有出入，这是很多业主都十分关心的问题。如果物业服务中心在收取费用的时候做到条款清晰，在使用费用的时候做到账目公开，并在接受业主询问的时候能够耐心细致且通俗易懂地向业主解释清楚费用的收支情况，想必业主们会很痛快地交纳费用，物业服务中心的工作也能够比较顺利地展开。

## 技巧运用

物业服务人员首先要做的第一步，也是最重要的一步就是把收支账目向业主公开，获取业主的信任。当业主对收支账目明细心存疑问时，物业服务人员可以针对账目向其进行耐心的解答。

物业服务人员可以将提前制作好的账单张贴在小区公告栏上，并安排相关物业服务人员在一侧随时解答业主们的疑问，切实做到账目公开，保障业主们的知情权。

物业服务人员在解答业主疑问时应注意以下几点。

1. 公开透明，不可遮遮掩掩、有所隐瞒。
2. 分解支出，以最通俗易懂的方式帮助业主理解。
3. 耐心解答，直至业主明白为止。

下面列举一些业主可能会出现的典型疑问及应对示例。

业主："为什么有两个账单呢？我该看哪个？"

物业服务人员："这一份看起来专业性比较强的账单是按照国家规定制作的，如果您看起来有困难的话，可以看另一份账单，里面针对总的物业管理费进行了分解，包含了分支费用的收支明细，看起来更明白一些。您先看着，如果还有疑问，我随时帮您解答。"

业主："我哪有时间看这个，你简单给我说说吧！"

物业服务人员："没问题！您看这栏是上一年的总收费情况，下面是一些明细，主要包括……如果您没有时间看的话，我给您复印一份，您有空的时候可以仔细地看看。"

业主："我不想看这个总账单，我要看我自己的账单。"

物业服务人员："因为我们要保护业主的隐私情况，所以没有张贴出每个业主的账单，您可以去物业服务中心找到王小姐，她能够帮您调出相关资料并打印给您。如果您不着急的话，我可以一会儿带您过去，您看可以吗？"

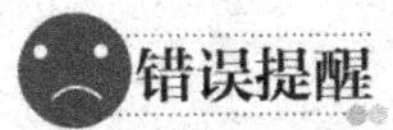


### 误区一　态度急躁

“写得这么明白了，你还看不懂?”

“我都解释好几遍了，怎么还问呀?”

业主不仅包括年轻的群体，也包括年老的群体，这些年老业主们的接受能力可能弱于年轻的业主。所以，物业服务人员在面对年老的业主时，应避免急躁的态度，要更为耐心地向其解答。

### 误区二　遮遮掩掩

“这个我也回答不了……”

“你就别纠结这么多了，这些都是按照国家规定来的。”

“费用支出情况就是这样，没有什么好解释的。”

物业服务人员遮遮掩掩的态度，必将换来业主们的质疑和抗议，物业管理费也就不能顺利地收取上来。所以，物业服务人员应开诚布公地向业主进行解答，避免遮遮掩掩的态度，以获取业主们的信任。

## 情景72　收费异议，合理消除

情景再现

黎小姐最近刚入住嘉园小区，她还花了8万元在小区内购买了一个车位。本来高高兴兴入住了，但是最近发生的事却让她很郁闷。

“我前两天刚接到通知，要求我每月交纳100元的车辆管理费，我表示不能接受。”

“我花了8万元购买了停车位，为什么物业还要收我每月100元的车辆管理费呢？这简直是重复收费嘛!”

因为业主黎小姐对物业服务中心的车辆管理费存在较大的质疑，在物业服务人员上门收取此项费用的时候，黎小姐表示坚决不会交纳。

面对黎小姐的异议，物业服务人员应该怎么应对呢？

## 情景分析

物业服务人员在收取费用的时候，常会遇到业主提出的各种各样的收费异议。上述案例中，黎小姐对收取车辆管理费存在异议的主要原因在于不了解车辆管理费是做什么的。

---

车辆管理费属于综合服务费，包括车库保洁、照明、通风系统维护、监控设施养护等多种费用。同时，一些物业服务中心还会在保险公司购买综合险，只要交纳了管理费的车辆，如果出现剐蹭、碰撞、丢失等情况，都能够得到保险赔付。

---

通过对车辆管理费的描述，我们可知购买车位的费用并不包含车辆管理费，所以，黎小姐应按照规定交纳此项费用。

物业服务人员在面对黎小姐质疑的时候，应对其晓之以理，耐心解释收费原因。只要收费合情合理，业主的异议通常会被消除，收取费用的过程也会更加顺利。

## 技巧运用

业主对收费存在异议主要有几种情况，如误解、质疑、不了解等，针对这些异议的处理方法主要有澄清、证实、解释等。不论业主的异议属于哪种情况，物业服务人员都可以按照下面的沟通步骤消除业主的质疑，顺利完成收费工作。

首先，物业服务人员应做到感同身受，理解业主的心情。

**物业服务人员可以这样说：**

"我非常理解您的心情，您刚入住小区，很多事情可能还不是很清楚，我当时刚搬入我现在住的小区时，也是和您一样有着相同的疑惑。"

"黎小姐，抱歉给您带来了困扰，都怪我们没有解释清楚，请您先消消气，给我几分钟时间解释一下可以吗？"

其次，物业服务人员还需站在业主的角度说话，向其表明该项收费是维护业主利益的，而不是物业服务中心随意收取的。

**物业服务人员可以这样说：**

“这样做主要是为了保护您的利益……”

“我知道您一定可以谅解我们的工作，收取车辆管理费的目的在于确保像您一样对我们有着重要意义的业主的权益……”

再次，物业服务人员应详细解释收费的原因，将收费的原因以最合情合理、最让人容易接受的方式向业主表达出来，这是解答业主收费异议的重点所在。在解释收费原因时，可以采取这样的思路：如果没有这项收费，业主将失去或损失什么；如果有这项收费，业主将得到什么样的服务。

**物业服务人员可以这样说：**

“您购买了车位代表拥有了该车位的使用权，但是您想想，车位并不只有这10平方米大的地儿，还包括照明、通风、监控设施，另外我们还安排有专门的监护人员，负责看管您的车辆……”

“这项收费是为了使您更加便利地停车，以及更好地保护您的车辆所收取的费用。我们会为交费的业主购买相关保险，如果出现剐蹭、碰撞、丢失等情况，您都会得到相应的赔偿。相反，如果您不交纳这项费用，出现以上情况的话所有损失都得由您自己承担。”

最后，物业服务人员可以向业主出示相应的物业管理规定，向业主证明该项收费是符合规定的，以彻底消除业主的异议。

**物业服务人员可以这样说：**

“您看，这是最新出台的《物业管理收费细则》，里面详细解释了……”

## 误区　威胁业主

“我们的服务和你所交的钱数是成正比的，如果你拒不交纳，我们也自然不会提供相应的服务。”

“如果你不交纳这项费用，以后出了什么事情可别来找我们，我们没有义务帮您解决！”

“你不交也可以，我们有办法让你主动来交的。”

物业服务人员是为业主服务的，不应以霸道的方式威胁并强制业主交纳费用，这样不仅不是提高收费率的长久之计，更会激发业主对物业中心的怨愤，导致事成发展为难以收拾的局面。

## 情景73　拒交费用，问明缘由

### 情景再现

通达小区物业服务人员在收取物业费用时遇到了以下一些问题。

业主王先生以物业没有开通报警器、安保不完善导致自家被盗为由，拒绝交纳物业管理费。

楼上邻居家里漏水，导致楼下张女士家里的天花板被浸泡，张女士认为物业服务中心难辞其咎，故而不再交纳物业管理费。

业主李先生去年连续丢失了两辆自行车（停放在楼下），他认为物业保安监管不严，要求物业服务中心赔偿自己的损失，否则拒不交纳物业管理费。

业主林女士一年多没有交纳物业管理费，理由是：小区外空地上一年多前立了一根电线杆，恰好在林女士家的窗户边上，林女士抱怨电线杆影响了家里的采光，因此拒绝交纳管理费。

听到业主们因为以上这些形形色色的理由拒绝交纳费用，物业服务人员真是哭笑不得。

### 情景分析

物业管理费缴费率低一直是物业服务人员的一块心病。其实，业主拒交物业管理费的原因不外乎以下几种：

1. 开发商遗留问题一直得不到解决；

2. 业主认为物业服务中心巧立名目、随意收费；

3. 业主与物业服务中心之间存在纠纷；

4. 其他原因：比如以“别人不交我也不交”为由拒交物业管理费，以无人入住、房屋空置为由拒交物业管理费等。

其实，大部分业主需要的仅仅只是贴心优质的服务，他们不会无缘无故拒交物业管理费的。一旦遇到拒交费用的业主，物业服务人员就应该深入到业主的生活中去，找到业主拒交的原因。只有对症下药，才能顺利收取相关费用。

## 技巧运用

顺利收取被拖欠物业管理费的前提是了解清楚业主拖欠费用的原因，这就需要物业服务人员在与业主沟通时追根溯源、循循善诱，引导业主说出拒交费用的原因。

当物业服务人员迈进业主的家门时，最好先赢得业主的好感，拉近与业主之间的距离。

**示例：**

问候方式一：“您好，见到您很高兴！”

问候方式二：“王先生，您好，见到您很高兴！”

尽管都是寒暄客套，第二种方式显然比第一种方式要热情得多，因此物业服务人员最好采用第二种问候方式。

其次，要获取业主的信任。业主不会无缘无故拒交物业管理费，物业服务人员可以用帮助业主解决问题的方式获取业主的信任。

**物业服务人员可以这样说：**

“我相信您也知道我此次上门的目的，您已经有三个月没有交物业管理费了。我知道您肯定对我们的服务有不满意的地方所以才会做出这样的决定，今天，我就是上门来帮助您解决问题的。您有什么不满的地方或是一些其他什么想法都可以跟我说，我洗耳恭听！”

物业服务人员在刚开始发问时应尽量多提开放式的问题，了解业主的真正想法、要求。尽量避免“是不是”“好不好”“对不对”这样的提问方式，因为业主的回答通常不是肯定就是否定，这样就无法从业主的口中得知更多的信息。

**物业服务人员可以这样说：**

“您跟我说一下，我们的服务还存在哪些不足呢？”

“您觉得我们的工作有哪些方面需要改进一下呢？”

“耽误您几分钟的时间，您能简单向我说一下原因吗？”

随后物业服务人员应仔细分析业主的回答，从中挖掘重要信息，再通过封闭式提问，锁定业主的真实想法。

物业服务人员可以这样说：

"您对上门维修人员的着装不是很满意，是吗？"

"您觉得物业服务大厅里的前台接待人员态度不好，对吗？"

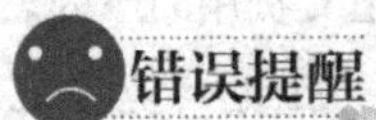

### 误区 未加确认

"行了，我知道原因了，您等着吧，马上给您解决！"

"哦，这个呀，这个简单……"

"行了，别说了，我大概知道了……"

未加确认的原因往往有可能是物业服务人员主观上认为的原因，很可能不是业主的真实想法。所以，物业服务人员最好在沟通过程中与业主进行再次确认。

## 情景 74 费用催收，锲而不舍

### 情景再现

某公司于一年半前在丽华小区购买了 30 套商品房，但是该公司仅在刚入伙的时候交纳了一年的物业管理费，随后就一直没再交纳。

每次物业服务人员打电话催收拖欠的物业管理费，总是收到这样的回复：

"我们负责相关事情的办事人员出去了，财务人员也不在，我也没办法呀，你改天再来吧！"

"我们总经理出差了，得有他的签字才行啊，你再等等吧！"

"我们公司现在没钱，等有钱了再交！"

……

物业服务中心也采取过其他方式，例如送单催收、上门催收等，均被该公司以各种理由搪塞过去了，以至于现在他们已经拖欠了将近 5 万元的物业管理费。

负责催收该物业管理费的物业服务人员董良十分头疼，如果他在年底之前无法将拖欠的物业管理费收回，今年的绩效奖金就算泡汤了。

## 情景分析

通过案例中该公司工作人员的回复，我们可以看出该公司存在有意甚至恶意拖欠物业管理费的情况。

但是不论该公司的回复是否属实，物业服务人员也不能因为催收过程中遇到困难就回避，而是应当通过多种渠道，充分运用各种合理合法的手段进行锲而不舍的催收，这既是维护物业服务中心的利益，也是维护其他业主的利益。

## 技巧运用

定期交纳物业管理费是每位业主应尽的义务，只有这样，物业服务中心的工作才能正常展开，也才能够为业主提供更加优质的服务。但是由于各种各样的原因，在收取物业管理费过程中，物业服务人员很可能会遇到业主拒交的情况，这就需要物业服务人员掌握以下三个沟通要点，努力解决这一问题。

### 1. “锲而不舍”第一招：主动交流。

催收物业管理费需要物业服务人员有张“厚脸皮”。物业服务人员要紧紧盯住业主的动向，主动上前与其交流，不能放手不管，把希望寄托于业主主动上门交纳拖欠的物业管理费。

**物业服务人员可以这样说：**

“王先生，您可真是太忙了，见您一面真不容易……您上次说这个月就把拖欠的物业管理费补上，这已经过去一个月了，现在应该能补上了吧?”

“王先生，您已经拖欠了 3 个月的物业管理费了。我也已经催过您很多次，如果您再不交，我们这工作可就没法做下去了……我听说我们经理打算把拖欠物业管理费的业主名单在小区门口公开呢，到时候如果您榜上有名就不太好了，是吧?”

### 2. “锲而不舍”第二招：适当让步。

当业主在补交物业管理费的事情上确实存在一些困难的时候，物业服务人员可以采取适当让步的沟通方式，例如给予适当的滞纳金减免、留出足够的还款时间、为其提出合情合理的建议等。

物业服务人员可以这样说：

“如果您现在补交物业管理费的话，我们可以考虑适当减免滞纳金，虽然数额不多，但也是物业服务中心的诚意，希望您能支持我们的工作。”

“王先生，由于您拖欠的数额比较大，如果现在有困难的话可以采取分期付款的方式，我们同样欢迎。”

“如果您觉得物业管理费方面的支出压力比较大的话，我们物业服务中心可以代您将空置房屋出租，这样既可以减轻您的物业管理费开支压力，又能增加一笔收入。”

### 3. “锲而不舍”第三招：适时采取强硬态度。

当物业服务人员面对蛮横无理，拒不交纳物业管理费的业主，可以适时采取强硬的态度，以引起业主的重视。

物业服务人员可以这样说：

“如果您再不交纳物业管理费的话，我们只能选择通过法律途径来解决此事了。”

#### 误区　遇困难就回避

“好吧，我先把您的情况反映一下，随后再和您联系……”

“您不要激动，我过两天再来吧！”

按时交纳物业管理费是业主的义务，催收拖欠的物业管理费则是物业服务人员的责任，不能因为眼前的一点小困难就放弃催收，否则，费用收不上来，也就无法为业主提供优质服务。长此以往，便会形成恶性循环。

# 第2节　服务问题

## 情景75　服务涨价，做好沟通

### 情景再现

一大早，康城小区的业主们就聚集在楼前聊了起来。

业主A："你们听说了吗？物业管理费好像又要涨了。"

业主B："什么，又要涨了！?"

业主C："这刚涨完才多久啊，又要涨，还能不能让我们在这舒心地住下去了？"

业主D："物业管理费虽然不算太高，但也是一笔不大不小的负担呀！"

业主E："涨价也行，但是服务标准也得提高，否则咱们的钱就花得太不值了！"

业主F："是啊，上次涨价涨了不少，但是就服务水平来看，和涨价之前也没有什么区别呀？"

业主G："这次我倒要看看物业的人怎么说服我们，要是还和上次一样，我可不会再'屈服'了。"

针对业主们关于"物业费上涨"的讨论，物业服务人员应该如何进行有效说服和安抚呢？

### 情景分析

物业管理费的上涨很容易引起业主的不安。一旦物业服务中心单方面推行涨价方案，很可能会造成物业服务纠纷，而这种纠纷的根源就在于业主和物业双方之间缺乏充分的沟通。

## 技巧运用

**首先，做好涨价前的沟通准备。**物业服务人员可以对小区部分业主进行上门调查，了解业主对调整管理费的看法。在沟通时，主要偏重以下几个方向：

★ 业主对现在的服务是否满意，是否希望获得更优质的物业服务；

★ 如果业主认为可以适当上调物业管理费，上调幅度大约是多少；

★ 如果有业主不愿意上调物业管理费，询问其拒绝上调的原因，并告知业主费用上调所带来的好处或不上调的弊端。

> **沟通重点：**
>
> 向业主强调物业管理费上涨将会带来的好处，提前给业主打好预防针，并通过摸排了解得出最为恰当的上调幅度，防止因为调整幅度过高引起不必要的纠纷。
>
> 同时也要适当强调如果拒不交纳会有哪些后果等。

**其次，涨价过程中要加大沟通力度。**在与业主沟通涨价方案时，可以通过以下几个方面获取业主的支持，顺利推进涨价方案：

★ 向业主说明近年来物业管理费的收支情况、未来数年成本上升趋势以及物业现在面临的窘境；

★ 向业主说明多收取的费用用在了哪里，使得业主明明白白地了解每一分钱的去向；

★ 认真询问业主的意见或建议，并将好的意见或建议吸纳进涨价方案中。

> **沟通重点：**
>
> 使业主了解物业运转的真实情况，获取业主的理解，并开诚布公地向业主表明增加服务项目、提高服务质量的决心，让业主感觉到钱花得值、花得舒心。

**最后，涨价后要及时做好回访调查。**物业服务人员应及时上门回访，主动与业主交流，做好涨价后的业主满意度调查。在沟通时，着重于以下几个方面：

★ 询问业主对涨价方案是否还有不理解的地方；

★ 询问业主对物业在调价后所提供的服务是否满意；

★ 鼓励业主提出希望增加哪些服务项目、具体从哪些方面提高服务质量等

建议。

> **沟通重点：**
>
> 此时的沟通着重于“扫尾”工作，逐个击破涨价后可能存在的隐患。如果在回访中遇到业主提出质疑或不满，应妥善及时地处理，在提升业主对物业服务满意度的同时，也降低业主对涨价的不满情绪。

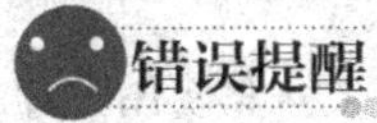

错误提醒

### 误区　单方面涨价

“不管你知不知道，现在你就得按照新的收费标准交费。”

“您的消息也太不灵通了，咱小区的物业管理费早就已经涨了。”

“我们都在公告栏里公布了，您没注意也怪不到我们头上呀！”

“说再多也没用，迟早都得交。为啥非要把简单事复杂化啊？”

缺乏充分沟通的涨价方案必定会遭到业主们的排斥，涨价方案自然也就无法顺利推行。如果物业服务人员又说出了上面的话，那么很显然，业主们会更加抵制涨价方案，很可能会拒交费用。

## 情景 76　服务收费，有理有据

情景再现

鑫华小区的物业服务人员最近面临着两个难题。

一位业主在 2017 年 6 月 1 日就应该交纳物业管理费了，但是时至今日，6 个月已经过去了，这期间物业服务人员也多次进行了催收，这位业主始终没有到物业服务中心交纳拖欠的费用。

面对这种情况，物业服务人员应如何收取该业主的违约金呢？

该小区还有这么一个情况：2017 年 12 月 6 日的晚上，有位业主因着急送发烧的孩子去医院，在倒车时撞折了小区的公告牌，值班的物业服务人员示意其停车，但是这位业主却加大油门扬长而去。

面对这种情况，物业服务人员又该如何向该业主收取赔偿金呢？

## 情景分析

到底什么是违约金和赔偿金呢？

关于违约金，我们可以通过《××市物业管理条例》予以了解：当业主、物业使用人未按照物业管理服务合同交纳物业管理服务费用时，物业服务中心可以按日收取应交纳费用千分之三的违约金。

关于赔偿金，《××市物业管理条例》中也有相关规定：业主、物业使用人违反本条例规定……造成损失的，由发生违规行为的业主或物业使用人承担相关的赔偿责任。

由此可见，物业服务人员可根据相关规定有理有据地向业主收取违约金或赔偿金。当然，物业管理中的相关规定并不是收取违约金或赔偿金的唯一依据。

## 技巧运用

物业服务人员在与业主沟通的时候，还可以通过下面的途径有理有据地收取违约金或赔偿金。

### 1. 以合同为依据

一般来说，物业服务中心都会与业主签订一份物业管理服务合同，合同中一般会有关于违约金或赔偿金的详细规定。物业服务人员可以依据合同向业主收取相关费用。

**物业服务人员可以这样说：**

“王先生，您的手中应该有一份入伙时签订的物业管理服务合同，合同的第56条明确说明了如果您不能按时交纳物业管理费，我们有权按每日千分之三的标准向您收取违约金。”

### 2. 以业主公约为依据

业主公约是对全体业主起约束力的关于物业费使用、维护以及管理等方面行为的、由业主承诺的协议。如果业主在入伙时签订了这样一份协议，当业主存在

违反公约内容的行为时，可对其实施必要的约束。

**物业服务人员可以这样说：**

“周先生，咱小区业主公约上关于违约金有详细的规定，当时您也是签订过这份协议的，您可以再看一下……”

## 3. 以事实为依据

对事情进行口头上的描述远远不如视频等相关证据更能够使人信服，所以，在面对业主拒绝交纳赔偿金的情况时，物业服务人员可以拿出视频等相关证据，以事实说话。

**物业服务人员可以这样说：**

“为了保护小区业主的财务和人身安全，我们不久之前在小区内多处设置了摄像头，您昨天故意损坏公告牌的行为已经被清晰地记录了下来……”

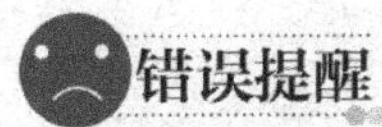


### 误区　暴力收取

“你不交的话，就给你停水停电。”

“看见我后面这些人了吧，今天你是交也得交，不交也得交！”

暴力收取违约金和赔偿金的方式着实不可取，这样不仅会破坏物业服务中心与业主之间的关系，使得物业服务中心以后的工作更加难以开展，而且还会因此触犯法律，造成更为严重的后果。